UTB **8403**

Eine Arbeitsgemeinschaft der Verlage

Böhlau Verlag · Köln · Weimar · Wien
Verlag Barbara Budrich · Opladen · Farmington Hills
facultas.wuv · Wien
Wilhelm Fink · München
A. Francke Verlag · Tübingen und Basel
Haupt Verlag · Bern · Stuttgart · Wien
Julius Klinkhardt Verlagsbuchhandlung · Bad Heilbrunn
Lucius & Lucius Verlagsgesellschaft · Stuttgart
Mohr Siebeck · Tübingen
C. F. Müller Verlag · Heidelberg
Orell Füssli Verlag · Zürich
Verlag Recht und Wirtschaft · Frankfurt am Main
Ernst Reinhardt Verlag · München · Basel
Ferdinand Schöningh · Paderborn · München · Wien · Zürich
Eugen Ulmer Verlag · Stuttgart
UVK Verlagsgesellschaft · Konstanz
Vandenhoeck & Ruprecht · Göttingen
vdf Hochschulverlag AG an der ETH Zürich

Alfred Dunshirn

Griechisch für das Philosophiestudium

facultas.wuv

Alfred Dunshirn, Univ.-Ass. Mag. Dr., ist Klassischer Philologe und lehrt am Institut für Philosophie der Universität Wien.

Bibliografische Information der Deutschen Nationalbibliothek

Die Deutsche Nationalbibliothek verzeichnet diese Publikation
in der Deutschen Nationalbibliografie;
detaillierte bibliografische Daten sind im Internet unter
http://d-nb.de abrufbar.

© 2008 Facultas Verlags- und Buchhandels AG
facultas.wuv, Berggasse 5, 1090 Wien
Alle Rechte vorbehalten

Einband: Atelier Reichert, Stuttgart
Abbildung aus „Platonis quae exstant omnia", ed. H. Stephanus,
Genf 1578 (Band 1, S. 2)
Druck und Bindung: CPI – Ebner & Spiegel, Ulm
Printed in Germany

ISBN 978-3-8252-8403-9

Vorwort

Dieses Buch ist aus Unterlagen für Lehrveranstaltungen hervorgegangen, die ich unter dem Titel *Griechische Philosophie im Original lesen* an der Universität Wien abgehalten habe. Diesem Titel entsprechend sollen nachstehende Erläuterungen den Interessierten die Möglichkeit bieten, einige kurze Zitate griechischer Philosophen in ihrer überlieferten Form zu lesen und Informationen zu deren Umfeld zu gewinnen.

Der Einfachheit halber sind im Anschluss an die ausgewählten Textpassagen das jeweils neue Vokabular sowie die entsprechenden Grammatikkapitel verzeichnet (letztere werden durch ein „G" in einem grau unterlegten Balken angezeigt). Dabei kann es nicht um eine systematische Darstellung der Grammatik gehen, sondern es sollen einige wichtige Phänomene der griechischen Sprache präsentiert werden (rudimentäre Kenntnisse der lateinischen Grammatikterminologie werden vorausgesetzt); ab einem gewissen Stadium der Auseinandersetzung mit griechischen Texten wird man auf eine Übersichtsgrammatik sowie ein Handwörterbuch zurückgreifen müssen. Entsprechende Literaturempfehlungen sind im Literaturverzeichnis am Ende des Bandes angegeben, wo sich auch Übersetzungen der ausgewählten Zitate zur Selbstkontrolle finden.

An das Ende der drei Textteile sind jeweils einige Übungen zur Wiederholung der Grammatikkapitel gestellt; Lösungen zu diesen Übungen können ebenfalls am Ende des Buches nachgelesen werden.

Neben dem Sprachlichen wird auch knapp der formal-technische Umgang mit den Texten der Vorsokratiker und den Werken Platons und Aristoteles' erläutert, d. h. wie sie zitiert werden, welche Übersetzungen und Kommentare es gibt etc.

Mein besonderer Dank gilt Brigitte Deutschländer-Bauer, Herbert Bannert, Paul Lorenz und Peter Klien sowie Alexander Ungar für Hinweise zur Korrektur.

Inhaltsverzeichnis

A. Abkürzungen 9
B. Vorbemerkungen 11
   1. Der Begriff „Grammatik" 11
   2. Das griechische Einheitsalphabet 11
   3. Aussprache des Altgriechischen 16
   4. Lese- und Transkriptionsübungen 18
   5. εἶναι – Sein 19
C. Texte 23
   I. Philosophie vor Sokrates 23
      1. Parmenides 23
      Exkurs: Die Textausgaben der Fragmente der Vorsokratiker 24
         a) Die Ausgabe von Diels und Kranz 24
         b) Der Zitatkontext der Vorsokratikerfragmente 26
      Exkurs: Wörterbücher 28
         a) Der Wörterbucheintrag νοεῖν im „Passow" 29
         b) Der „Liddell-Scott" 30
         c) Etymologische Wörterbücher 31
      2. Heraklit – Logos 33
      Exkurs: Dialekte des Griechischen 34
      3. Anaximander 44
      4. Xenophanes 47
      Exkurs: Wanderer, kommst du nach Spa... 47
      5. Anaxagoras 51
      Übungen – Teil 1 53

   II. **Sokrates – Platon** **54**
      Vorbemerkungen 54
         a) Quellen zu Leben und Wirken des Sokrates 54
         b) Zitierweise, Hilfsmittel 54
         c) Die Tetralogieneinteilung der Dialoge 57
      1. Die erste Tetralogie 61
      Exkurs: Die sogenannte „Rahmenhandlung" der Dialoge ... 61
         a) *Euthyphron* 63
         b) *Apologie* 74
         c) *Phaidon* 76
      2. Die zweite Tetralogie 79
         a) *Kratylos* 79
         b) *Theaitetos* 80

      c) *Sophistes* 81
   3. Die dritte Tetralogie 88
      a) *Parmenides* 88
      b) *Phaidros* 90
   4. *Politeia* 91
   5. *Timaios* 95
   6. Der Mythos von den Kugelmenschen 99
   Übungen – Teil 2 101

III. Aristoteles **102**
   Vorbemerkungen 102
      a) Zitierweise 102
      b) Hilfsmittel, Übersetzungen, Kommentare 102
      c) Übersicht über die Schriften des Aristoteles 104
   1. *Kategorien* 108
   2. *Hermeneutik* 112
   3. *Physik* 113
   4. *Über die Seele* 115
   5. *Metaphysik* 118
      a) Der erste Satz der *Metaphysik* 119
      b) Eine Bestimmung des Philosophen 120
      c) Der Satz vom Widerspruch (Γ 3, 1005b19–20) 122
      d) Die mannigfache Bedeutung des Seienden 123
      e) δύναμις – ἐνέργεια – ἐντελέχεια 123
   6. *Nikomachische Ethik* 127
   7. *Politik* 134
   8. *Rhetorik* 135
   9. *Poetik* 137
   Übungen – Teil 3 139

D. Übersetzungen **140**

E. Lösungen zu den Übungen **152**

F. Glossar **156**

G. Literaturverzeichnis **157**

H. Indices **164**
   1. Grammatikalischer Index 164
   2. Vokabel 165

A. Abkürzungen

Adv.	Adverb	Mask.	Maskulinum
Akk.	Akkusativ	med.	medium
akt.	aktiv	med.-pass.	medio-passivisch
Anm.	Anmerkung	mittellat.	mittellateinisch
att.	attisch	n.	neutrum
Aor.	Aorist	Nbf.	Nebenform
bes.	besonders	n. Chr.	nach Christus
bzw.	beziehungsweise	Neutr.	Neutrum
ca.	circa	Nom.	Nominativ
Dat.	Dativ	Nr.	Nummer
Dekl.	Deklination	o.	oben
Demin.	Deminutiv	od.	oder
Dep.	Deponens	Opt.	Optativ
d. h.	das heißt	Part.	Partizip
dt.	deutsch	pass.	passiv
etc.	et cetera	Perf.	Perfekt
etw.	etwas	Pl.	Plural
f.	feminin(um)	Präs.	Präsens
ff.	folgende	Ps.	Person
Fem.	Femininum	s.	siehe
Frg.	Fragment	sc.	scilicet
frz.	französisch	Sg.	Singular
Gen.	Genitiv	sog.	sogenannt
gr.	griechisch	spätgr.	spätgriechisch
h.	hier	subst.	substantivisch
hebr.	hebräisch	Sup.	Superlativ
Hervorheb.	Hervorhebung	s. v.	sub voce
Imper.	Imperativ	tr.	transitiv
Impf.	Imperfekt	u.	unten
Ind.	Indikativ	u. a.	und andere
Inf.	Infinitiv	Übers.	Übersetzer
intrans.	intransitiv	v.	Vers
ion.	ionisch	v. a.	vor allem
Jh.	Jahrhundert	v. Chr.	vor Christus
Kap.	Kapitel	Verbaladj.	Verbaladjektiv
Komp.	Komparativ	verm.	vermutlich
Konj.	Konjunktiv	vgl.	vergleiche
lat.	lateinisch	Vok.	Vokativ
Lit.verz.	Literaturverzeichnis	vs.	versus
m.	maskulin(um)	z. B.	zum Beispiel

B. Vorbemerkungen

1. Der Begriff „Grammatik"

Betrachtet man den Begriff „Grammatik", so erhält man eine Begründung, warum Grammatiken traditionell mit einer Erklärung der Buchstaben beginnen. Das Wort Grammatik (griechisch: γραμματική [grammatiké] zu ergänzen: τέχνη [téchne]) heißt wörtlich: „Fertigkeit, mit Buchstaben umzugehen".

Parenthese: Das -ικός-Suffix G

Auf „-ik" auslautende Fremdwörter im Deutschen leiten sich meist von einem griechischen Adjektiv, welches durch Anfügung des Suffixes -ικός von einem Substantiv gebildet wurde, her. Das Wort γραμματικός [grammatikós] etwa ist abgeleitet vom Substantiv γράμμα [grámma] „Schriftzeichen, Geschriebenes". Zu ergänzen ist bei derartigen Adjektiven in der Regel das Wort τέχνη [téchne], das gerne mit „Kunst, Kunstfertigkeit" übertragen wird.[1]
Auf „-ik" auslautende Fremdwörter können demnach als „Kunst von …", „Kunstfertigkeit in …", „Kunde von …" übersetzt werden. Der Ausdruck Botanik z. B. bedeutet „Kunde von Pflanzen", „Pflanzenkunde" (zu βοτάνη „Weide, Gras"). In Analogiebildung gibt es neben den von griechischen Wörtern stammenden Ausdrücken auch Ableitungen aus dem Lateinischen, wie das Wort „Informatik" (zu lat. *informare* „gestalten, bilden").

2. Das griechische Einheitsalphabet

Das bis heute zur Aufzeichnung griechischer Texte verwendete Alphabet ist dasjenige, auf welches sich die Athener im Jahr 403 v. Chr. unter dem Archon Eukleides zur Aufzeichnung von Gesetzestexten einigten. Diese Einigung erschien angebracht, weil regional unterschiedliche Alphabete existierten. Aus

---

[1] Der Bedeutungsgehalt des Wortes τέχνη ist allerdings immer wieder Gegenstand von Diskussionen; vgl. Ch. Horn, s. v. technê, in: Wörterbuch der antiken Philosophie [60], 423–426 (In eckigen Klammern ist die Nummer angegeben, welche das zitierte Werk im Literaturverzeichnis trägt.); A. Bölderl, s. v. Technik(en), in: Wörterbuch der phänomenologischen Begriffe. Unter Mitarbeit von K. Ebner und U. Kadi, H. Vetter (Hg.), Hamburg 2004, 528–532.

diesen erklären sich auch die Unterschiede des lateinischen Alphabets vom heute gängigen griechischen (bzw. von der sog. „kyrillischen" Schrift), obgleich diese Alphabete derselben Wurzel entstammen (s. u. 14).

Zur Erklärung der folgenden Tabelle:
In der ersten Spalte stehen die Großbuchstaben, in der zweiten die Kleinbuchstaben, in der dritten die Buchstabennamen, in der vierten die im deutschsprachigen Raum übliche Transkription (wobei bisweilen in Klammer die heute – bezüglich der älteren Texte – für sprachgeschichtlich korrekter gehaltene Umschrift angegeben ist).

Α	α	Alpha	a
Β	β	Beta	b
Γ	γ	Gamma	g / n [2]
Δ	δ	Delta	d
Ε	ε	Epsilon	ĕ
Ζ	ζ	Zeta	z
Η	η	Eta	ē
Θ	θ (od. ϑ)	Theta	th (t^h)
Ι	ι	Jota	i / j
Κ	κ	Kappa	k
Λ	λ	Lambda	l
Μ	μ	My	m
Ν	ν	Ny	n
Ξ	ξ	Xi	x / ks
Ο	ο	Omikron	ŏ
Π	π	Pi	p
Ρ	ρ	Rho	r(h)
Σ (C)	σ (od. c) / ς	Sigma	s
Τ	τ	Tau	t
Υ	υ	Ypsilon	y / u
Φ	ϕ (od. φ)	Phi	ph / f (p^h)
Χ	χ	Chi	ch (k^h)
Ψ	ψ	Psi	ps
Ω	ω	Omega	ō

---

[2] Zu den Transkriptionsvarianten vgl. Abschn. 3 „Aussprache des Altgriechischen".

Vermischtes zum Alphabet

In Druckwerken finden sich verschiedenste Zeichensätze für das griechische Alphabet, was das Wiedererkennen der Buchstaben mitunter erschwert (besonders im angloamerikanischen Raum wird das Sigma des Öfteren durch das Zeichen „C (c)" dargestellt). Bei Verwendung des kleinen „c" unterbleibt dann die sonst übliche Unterscheidung zwischen „σ" am Anfang sowie im Inneren eines Wortes und „ς" am Wortende.[3]

Aus den angegebenen Transkriptionen ergibt sich ein Verständnis für die Schreibweise von deutschen Fremd- oder Lehnwörtern, die aus dem Griechischen stammen (z. B. „Rhetor" aus ῥήτωρ, „Rhythmus" aus ῥυθμός, „Theater" aus θέατρον, „Philosophie" aus φιλοσοφία).

Aufgrund der Verwendung griechischer Buchstaben in Mathematik, Naturwissenschaften, Technik und anderen Bereichen sind viele ihrer Namen vertraut, man denke nur an die Ausdrücke Alpha-, Beta-, Gamma-Strahlung oder Lambdasonde. Vielleicht weniger auffallend, aber doch sehr augenfällig ist die Herleitung des Wortes „(Fluss-)Delta" vom Schriftbild des Großbuchstabens mit dem entsprechenden Namen: Δ. Bei der Suche nach Verwendungen griechischer Buchstaben zur Wortbildung kann man auch in Fremdsprachen fündig werden: Das französische Wort *gamme* „Tonleiter; Fabrikationsprogramm" etwa ist daraus entstanden, dass Guido von Arezzo (ca. 992–1050) das γ als Bezeichnung für den ersten Buchstaben der Tonleiter verwendet hat.

Um 800 v. Chr. übernahmen die Griechen von den Phoinikern, mit denen sie in Handelsbeziehungen standen, das Alphabet. Das Alphabet der Phoiniker war wie andere semitische Alphabete (z. B. das hebräische) eine Konsonantenschrift. Die Neuerung, welche die Griechen vornahmen, bestand darin, dass sie den Vokalen eigene Zeichen zuwiesen. Der erste Buchstabe des griechischen Alphabet beispielsweise, das α (Alpha), steht (in etwa) für den Laut, den wir mit dem Buchstaben „a" zu bezeichnen gewohnt sind, und erinnert mit seinem Namen noch an den zu den Quetschlauten (die früher in der lateinischen Terminologie Gutturale genannt wurden, korrekter jedoch als Laryngale zu bezeichnen sind) zählenden semitischen Konsonanten Aleph (vgl. hebräisch א), dessen Platz es im Alphabet eingenommen hat.

Die Buchstabennamen stammen zum Teil von dem übernommenen Alphabet, dessen Buchstabennamen eine konkrete Bedeutung haben (das Wort „Aleph" beispielsweise bedeutet „Stier", „Bet" „Haus", vgl. hebr. בית לחם [Bethlehem]

---

[3] Beispielsweise wird das Wort σεμνός „heilig" cεμνóc geschrieben.

„Haus des Brotes"). Diese Buchstabennamen erklären sich wohl nicht aus dem manchmal angenommenen akrophonen Prinzip oder ehemaligen Bildzeichen, sondern aus den zur Alphabettafel gelernten Merkwörtern.[4]

Die Abweichungen von dem sog. „lateinischen" Alphabet, wie es zum Schreiben des Deutschen heute für gewöhnlich verwendet wird, liegen in einer Variante des griechischen Alphabets begründet, nämlich derjenigen, welche die Römer (wohl über die Vermittlung der Etrusker) übernahmen. Dieses Alphabet wurde als „rotes" bezeichnet, im Unterschied von „blauen" Alphabeten, die im Osten der griechischsprachigen Welt verwendet wurden.[5] Diese Differenzierung nach Farben geht auf die Einteilung der Lokalalphabete durch Adolf Kirchhoff zurück, der in einer Übersichtskarte die Verbreitungsgebiete der verschiedenen Alphabete farblich kennzeichnete.[6]

Angemerkt sei noch, dass für die Entwicklung der griechischen Schrift die zweite Hälfte des 8. Jh. n. Chr. ein wichtiger Zeitraum war: Damals entwickelte sich die in weiterer Folge beibehaltene Minuskelschrift (lat. *minusculus* „etwas kleiner"), d. h. die Kleinbuchstabenschrift, welche die zuvor gebräuchliche Maiuskelschrift (lat. *maiusculus* „etwas größer"), d. h. die Großbuchstabenschrift, ablöste.

---

[4] Vgl. Ch. Kessler, R. Wachter, s. v. Alphabet, Der neue Pauly 1 (1996) [65], 537.

[5] Im „roten" Alphabet hat der (griechische) Buchstabe X den Lautwert „ks", in den „blauen" Alphabeten dagegen hat dasselbe Zeichen X den Lautwert „ch (k^h)", woraus die Verwechslungsmöglichkeit von „römischem" X („ks") und „griechischem" X (Chi) resultiert.

[6] A. Kirchhoff, Studien zur Geschichte des griechischen Alphabets, 4., umgearbeitete Aufl., Gütersloh 1887. Eine Abbildung dieser Karte findet sich bei T. Lindner, Die Entwicklung des griechischen Alphabets, in: W. Seipel (Hg.), Der Turmbau zu Babel. Ursprung und Vielfalt von Sprache und Schrift, Bd. 3 A: Schrift, Wien-Milano 2003, 214. Ein Zeugnis für die rasche Verbreitung des griechischen Alphabets ist die Inschrift auf dem sog. „Nestorbecher", dessen Fragmente auf Ischia, dem antiken Pithekoussai, gefunden wurden. Eine Edition und ausführliche Kommentierung dieses Schriftdenkmals bieten A. Bartoněk, G. Buchner, Die ältesten griechischen Inschriften von Pithekoussai (2. Hälfte des VIII. bis 1. Hälfte des VII. Jhs.), Die Sprache 37 (1995), 146–154.

Akzente G

Mit der Umstellung auf die Kleinbuchstabenschrift wurden zusätzlich zu den Buchstabenzeichen auch Akzente (lat. *accentus* „das Beitönen") und diakritische Zeichen gesetzt, von denen die wichtigsten folgende sind:

Akut (zu lat. *acutus* „spitz, scharf"): ´
Gravis (zu lat. *gravis* „schwer"): `
Zirkumflex (zu lat. *circumflexus* „herumgebogen"): ˜ od. ˆ

Diese drei Akzentzeichen werden dem Vokal oder Diphthong der tontragenden Silbe beigegeben. Für den ursprünglichen Zustand des Griechischen, das vermutlich einen melodischen Akzent aufwies, geben sie weniger eine Betonung als eher den Melodieverlauf des Gesprochenen an.[7] Grob gesprochen steht, wie die Form des Zeichens nahe legt, der Akut (´) für ein Heben, der Gravis (`) für ein Senken, und der Zirkumflex (ˆ) für eine Kombination beider Bewegungen der Stimme.[8]

Hingewiesen soll in diesem Zusammenhang auch darauf werden, dass es für die Vokale „e" und „o" je zwei unterschiedliche Grapheme gibt, nämlich jeweils eines für die „kurze" (ε bzw. o) und jeweils eines für die „lange" Variante (η bzw. ω).

Zu nennen sind des Weiteren die Spiritus.

Spiritus G

Vokale oder Diphthonge (Zwielaute) am Wortanfang tragen einen sog. „Spiritus" (lat. *spiritus* „Hauch, Geist"), ein Hauchzeichen. Hier gibt es zwei Möglichkeiten:

Spiritus asper (lat. *asper* „rau"): ʽ
Spiritus lenis (lat. *lenis* „sanft"): ʼ

---

[7] Vgl. A. M. Devine, L. D. Stephens, The Prosody of Greek Speech, New York-Oxford 1994. Zur antiken Musik vgl. u. a. M. L. West, Ancient Greek Music, Oxford 1992; W. D. Anderson, Music and Musicians in Ancient Greece, Ithaca-London 1994.

[8] Eine Übersicht über die Akzentregeln bieten Bornemann-Risch, Griechische Grammatik [48], 8–9.

Ersterer wird bei der Transkription mit einem „h", letzterer nicht wiedergegeben.

Ein ρ am Wortanfang erhält immer einen Spiritus asper.

Etwas vereinfachend lässt sich sagen, dass Akzente und Spiritus *über* Kleinbuchstaben und *neben* Großbuchstaben, bei Diphthongen über dem zweiten Buchstaben stehen. Groß geschrieben werden traditionellerweise die Anfangsbuchstaben von Eigennamen. In manchen Textausgaben werden darüber hinaus die Satzanfänge durch Großbuchstaben gekennzeichnet.

Interpunktionszeichen	G

Abweichend von den für deutsche Texte üblichen Interpunktionszeichen sind folgende:

Ein in der Zeilenmitte befindlicher Punkt („ · ") steht für einen Doppelpunkt oder Strichpunkt,
„ ; " steht für ein Fragezeichen.

Mit den Akzenten und den Spiritus gelangt man zum viel diskutierten Thema der

3. Aussprache des Altgriechischen

Seit der Zeit des Humanismus hält man sich im deutschsprachigen Raum meist an die v. a. von Erasmus von Rotterdam (verm. 1466–1536) propagierte „etazistische"[9] (oder „erasmische") Ausspracheweise des Altgriechischen, die im Wesentlichen der vorne angeführten Transkriptionsweise entspricht. Sie weist sprachgeschichtlich gesehen einige Inkonsequenzen auf: Betrachtet man die Verschlusslaute (θ, τ, δ / φ, π, β / χ, κ, γ), so lässt sich feststellen, dass dieser Aussprache zufolge von den ursprünglichen Aspiraten („behauchten" Lauten) θ, φ, χ zwar das θ in seiner älteren Lautung als „t^h", die beiden anderen (φ, χ)

---

[9] Das Wort „etazistisch" deutet darauf hin, dass in dieser Ausspracheweise das η als „e" ausgesprochen wird. In seiner im Jahr 1528 in Basel veröffentlichten Schrift *De recta Latini Graecique sermonis pronuntiatione* wandte sich Erasmus gegen die von Johannes Reuchlin (1455–1522) und Philipp Melanchthon (1497–1560) vertretene „itazistische" (η als „i" ausgesprochen) Aussprache, die der neugriechischen Aussprache folgt.

jedoch in ihrer jüngeren, wohl hellenistischen, als „f" und „ch" ausgesprochen werden. Für diese Buchstaben gibt es deshalb die Transkriptionsvarianten „p^h" und „k^h", die deren aspirierte Aussprache anzeigen sollen.[10]

Die Fachliteratur im Bereich der Klassischen Philologie geht in letzter Zeit, v. a. im Kontext älterer Sprachzeugnisse, verstärkt dazu über, diese Transkriptionsvarianten zu verwenden. So liest sich der Name des berühmtesten Helden der *Ilias* dann „Ak^hilleus".

Hingewiesen kann schließlich darauf werden, dass der alte Lautwert des υ „u" war, was sich noch in den Diphthongen zeigt, bei denen υ mit „u" transkribiert wird. Beispielsweise wird das Wort αὐτό „selbst" mit „auto" wiedergegeben, wohingegen etwa das Wort πῦρ „Feuer" für gewöhnlich mit „pyr" transkribiert wird. Doch wird in jüngerer Zeit das Ypsilon auch als einfacher Vokal mitunter mit „u" transkribiert (z. B. wird der Ausdruck κῦδος „Ruhm" mit „kudos" wiedergegeben).

Im Schul- und Universitätsbetrieb des deutschsprachigen Raums hält man weitgehend an der erasmischen Aussprache fest. Einige Hinweise zur gebräuchlichen Aussprache:

γ   wird vor κ, γ, χ und ξ wie nasales „n" vor „g" und „k" gesprochen (z. B. ἄγγελος „ángelos", „Bote, Engel").

ει   Man pflegt bei der Aussprache dieses Diphthongs „dem geschlossenen ē ein Jot nachklingen zu lassen (vgl. das a in engl. made)".[11]

ου   wird als „u" gesprochen.

---

[10] Zu diesem Themenkomplex vgl. v. a. W. S. Allen, Vox Graeca. A Guide to the Pronunciation of Classical Greek, Cambridge ³1987. Der korrekten Rekonstruktion der Art und Weise, wie antike griechische Texte ausgesprochen und gesungen wurden, gelten die Bemühungen von Stefan Hagel (z. B.: Zu den Konstituenten des griechischen Hexameters, Wiener Studien 107/108 (1994), 77–108). Hörbeispiele dieser rekonstruierten Ausspracheweise bieten die Compact Discs zum Selbstlernbuch *Le Grec ancien* von Jean-Pierre Guglielmi (Lit. verz. Nr. 53).

[11] Bornemann-Risch, Griechische Grammatik [48], 4.

4. Lese- und Transkriptionsübungen[12]

ΦΙΛΟΣΟΦΙΑ	PHILOSOPHIA
ΘΑΛΗΣ	THALES
ΑΝΑΞΙΜΑΝΔΡΟΣ	ANAXIMANDROS
ΗΡΑΚΛΕΙΤΟΣ	HERAKLEITOS
ΠΛΑΤΩΝ	PLATON
ΑΡΙΣΤΟΤΕΛΗΣ	ARISTOTELES
Ἀθῆναι	Athénai
βιβλιοθήκη	bibliothéke
γεωμετρία	geometría
Δημόκριτος	Demókritos
Ἐμπεδοκλῆς	Empedoklés
Ζήνων	Zénon
Ἡσίοδος	Hesíodos
θεός	theós
Ἰσοκράτης	Isokrátes
Καῖσαρ	Kaísar
Λεύκιππος	Leúkippos
Μέλισσος	Mélissos
Νύμφη	Nýmphe
Ξενοφάνης	Xenophánes
Ὅμηρος	Hómeros
Παρμενίδης	Parmenídes
ῥήτωρ	rhétor
Σωκράτης	Sokrátes
τέλος	télos
Ὑπερίων	Hyperíon
φύσις	phýsis
Χείρων	Cheíron
Ψυχή	psyché
Ὠκεανός	Okeanós

---

[12] Bei den hier angegebenen Transkriptionen wird auf die Angabe der Länge oder Kürze der Vokale verzichtet. Sowohl der Akut wie der Zirkumflex werden durch ´ wiedergegeben.

5. εἶναι – Sein

Das erste eigens thematisierte griechische Wort möge das „Sein" darstellen, dessen erste Person Singular griechisch εἰμί lautet.

verba auf -μι	G

Die griechischen Verben lassen sich in zwei Großgruppen einteilen, in diejenigen „auf -μι" und in diejenigen „auf -ω", d. h. in die Verben, deren 1. Person Singular Präsens (Aktiv Indikativ) auf -μι endet, und in die Verben, deren entsprechende Form auf -ω endet. Es gibt wesentlich mehr Verben auf -ω, jedoch enthält die Gruppe der Verben auf -μι häufig vorkommende Wörter, wie das genannte εἶναι „Sein". Der Präsens Indikativ lautet:

Sg. 1. εἰμι / εἰμί   Pl. 1. ἐσμεν / ἐσμέν
    2. εἶ   2. ἐστε / ἐστέ
    3. ἐστι(ν) / ἐστί(ν)   3. εἰσι(ν) / εἰσί(ν)

Inf.   εἶναι

Das auch im philosophischen Kontext Interessante an der formalen Verfassung dieser Indikativformen ist, dass sich bei fünf von sechs durch die Schreibweise unterscheiden lässt, ob die jeweilige Form als Kopula oder als *verbum substantivum* verwendet wird. Das Verbum „Sein" verbindet als „Kopula" (lat. *copula* „Band", vgl. dt. „Koppel") dem traditionellen Grammatikverständnis zufolge das Subjekt mit dem Prädikat, wohingegen es als *verbum substantivum* die (selbständige) Existenz einer Wesenheit ausdrückt (vgl. die Sätze „Gott ist." und „Gott ist tot.") – eine Unterscheidung, über welche Philosophen gerne nachdachten und nachdenken.[13]

Die Formen des Indikativs Präsens von εἶναι sind (mit Ausnahme von εἶ, das stets tontragend ist) in ersterer Funktion enklitisch (zu ἐγκλίνω „sich neigen"), d. h. unbetont, an das vorangehende Wort „angelehnt" gesprochen, als *verba substantiva* dagegen betont. Eine gewisse Sonderstellung besitzt die Form der 3. Ps. Sg. ἐστί(ν): Sie ist am Satzanfang in jedem Fall betont.

---

[13] Vgl. u. a. G. W. F. Hegel, Phänomenologie des Geistes, Frankfurt a. M. 1970 (Theorie-Werkausgabe; 3), 568; M. Heidegger, Einführung in die Metaphysik, Tübingen [6]1998, 66–70.

Enklitische Wörter   G

Enklitische Wörter sind solche, die sich in ihrem Ton eng an das vorhergehende Wort anschließen und meist ihren Akzent verlieren oder ihn als Akut an das vorhergehende Wort abgeben (dieses kann dann zwei Akzente tragen), z. B.: ἄνθρωπός εἰμι.

Im Zusammenhang mit dem Infinitiv εἶναι kann eine Möglichkeit erwähnt werden, über welche das Griechische verfügt, nämlich diejenige, durch den Artikel ein Verbum zu substantivieren, d. h. zu einem Hauptwort zu machen.

Der Artikel   G

Das Griechische verfügt über einen (bestimmten) Artikel (zu lat. *articulus* „Teilchen") und hat drei Genera (Mask., Fem. und Neutr.). Es gibt folgende Formen des Artikels:

Sg.	m.	f.	n.	Pl.	m.	f.	n.
1.	ὁ	ἡ	τό	1.	οἱ	αἱ	τά
2.	τοῦ	τῆς	τοῦ	2.	τῶν	τῶν	τῶν
3.	τῷ	τῇ	τῷ	3.	τοῖς	ταῖς	τοῖς
4.	τόν	τήν	τό	4.	τούς	τάς	τά

Der Artikel bildet keinen Vokativ. Auffällig an den Formen des 3. Falles Sg. ist das

iota subscriptum („untergeschriebenes Jota")   G

Die Verbindungen ᾳ, ῃ und ῳ bezeichnet man als „uneigentliche Diphthonge", in denen das ι verklungen ist.

Substantivierung von Verben   G

Mit dem Artikel Neutrum können, wie gesagt, Verben substantiviert und auch entsprechend gebeugt werden. τὸ εἶναι bedeutet also „das Sein" (τοῦ εἶναι „des Seins" etc.).

Die vorerst letzte zu nennende Form von εἶναι ist sein Partizip. Es lautet: ὤν (m.), οὖσα (f.), ὄν (n.) und dekliniert sein Maskulinum und Neutrum nach der

3. Deklination   G

Sg.	m.	f.	n.	Pl.	m.	f.	n.
1.	ὤν	οὖσα	ὄν	1.	ὄντες	οὖσαι	ὄντα
2.	ὄντος	οὔσης	ὄντος	2.	ὄντων	οὐσῶν	ὄντων
3.	ὄντι	οὔσῃ	ὄντι	3.	οὖσιν	οὔσαις	οὖσιν
4.	ὄντα	οὖσαν	ὄν	4.	ὄντας	οὔσας	ὄντα

In dieser Tabelle sind die Endungen für die Maskulina und Feminina hervorgehoben. Der Nominativ Singular der Maskulina und Feminina wird entweder „sigmatisch" (unter Hinzufügung eines -ς an den Stamm, z. B. ἐλπίς „Hoffnung") oder „asigmatisch" gebildet (mit Dehnung des Stammvokals, z. B. πατήρ).

τὸ ὄν bedeutet „das Seiende", und τὰ ὄντα „die Seienden" („die seienden Dinge"). Der Ausdruck „Ontologie" heißt demnach „Rede, Lehre vom Seienden" (zu λόγος s. u. 33). Hier ist die Beachtung des Unterschiedes der Transkription von τ und θ von Bedeutung. Würde man „Ont**h**ologie" schreiben, bezeichnete dies die „Lehre vom Kot" (zu ὄνθος, ου m. „Kot", „Mist").
Als Abschluss zum Thema εἶναι sei das von εἶναι abgeleitete Wort οὐσία genannt. Dieses ist eine Abstraktbildung zu „Sein" und wird im philosophischen Kontext traditionell mit „Wesen" übersetzt. Die οὐσία ist die erste und wichtigste der sog. „Kategorien", die Aristoteles in dem gleichnamigen Werk zusammengestellt hat, und nimmt schon aufgrund dieser Stellung einen prominenten Platz in der philosophischen Begrifflichkeit ein (s. u. 111).[14] Eine Angabe der unterschiedlichen Bedeutungsnuancen des Wortes οὐσία erfolgt anlässlich der Hinweise auf die verschiedenen Wörterbücher (s. u. 30).

---

[14] Zur unterschiedlichen Bedeutung des Begriffes οὐσία bei Aristoteles vgl. u. a. Ch. Rapp, Aristoteles und aristotelische Substanzen, in: K. Trettin (Hg.), Substanz. Neue Überlegungen zu einer klassischen Kategorie des Seienden, Frankfurt a. M. 2005, 145–169; G. Segalerba, Aspekte der Substanz bei Aristoteles, in: H. Gutschmidt, A. Lang-Balestra, G. Segalerba (Hg.), Substantia – Sic et Non. Eine Geschichte des Substanzbegriffs von der Antike bis zur Gegenwart in Einzelbeiträgen, Frankfurt u. a. 2008, 35–84.

verba auf -ω   G

Die zweite große Gruppe an Verben im Griechischen bilden diejenigen auf -ω. Als Paradigma (παράδειγμα „Beispiel") diene λέγω, das meist mit „sagen" oder „sprechen" übersetzt wird. Der Indikativ Präsens Aktiv lautet:

    Sg. 1. λέγω   Pl. 1. λέγομεν
        2. λέγεις   2. λέγετε
        3. λέγει   3. λέγουσι(ν)

    Infinitiv   λέγειν

C. Texte

I. Philosophie vor Sokrates

1. Parmenides

Mit den bisher gewonnenen Informationen kann man sich einem ersten Fragment der sog. „Vorsokratiker" zuwenden. Ein dem Parmenides aus Elea (Παρμενίδης – üblicherweise der lateinischen Betonung folgend als „Parménides" ausgesprochen; Ende 6., Anfang 5. Jh. v. Chr.) zugeschriebener Satz lautet:

τὸ γὰρ αὐτὸ νοεῖν ἐστίν τε καὶ εἶναι.

Die benötigten Vokabel:

γάρ	denn, nämlich
αὐτό	h.: dasselbe, *Sg. Nom./Akk. n. zu*
αὐτός, αὐτή, αὐτό	der-, die-, dasselbe; er, sie, es; selber *(zu den unterschiedlichen Bedeutungen s. u. 72)*
νοεῖν	*Inf. zu*
νοέω (νοῦς)	denken (vgl. Noumenon, „Gedachtes")
-τε	und
καί	und, auch

Versucht man, dieses Fragment als einen allein stehenden Satz zu übersetzen, könnte man Folgendes formulieren:

denn dasselbe ist Denken und Sein.

So lautet die Übersetzung in der Ausgabe der Fragmente der Vorsokratiker von Hermann Diels und Walther Kranz.[15] Eine etwas andere Übersetzung gibt Jaap

---

[15] Diels-Kranz, Fragmente der Vorsokratiker [2], Bd. 1, 231.

Mansfeld, der dieses Fragment noch deutlicher an das bei Diels-Kranz vorhergehende anschließt: „denn daß man es erkennt, ist dasselbe, wie daß es ist."[16]
Neben diesen eher konventionellen Übertragungen haben die verschiedenen Übersetzungsversuche dieser Stelle durch Martin Heidegger eine gewisse Bekanntheit erlangt, der sich an unterschiedlichen Stellen seiner Werke mit diesem Satz befasste.[17]
Anstelle einer Auseinandersetzung mit der Problematik dieses Fragments sollen einige allgemeine Bemerkungen zum Thema der Textausgaben der Fragmente der Vorsokratiker folgen, die unter anderem auch zeigen werden, in welchem Kontext das genannte Parmenides-Fragment überliefert ist.

Exkurs: Die Textausgaben der Fragmente der Vorsokratiker

Es hat sich in der neuzeitlichen Philosophiegeschichte eingebürgert, Denker, die zwar nicht unbedingt zeitlich vor Sokrates tätig waren, jedoch von seinem Denken nicht beeinflusst erscheinen, als „Vorsokratiker" zu bezeichnen. In den diversen Werken zur Philosophiegeschichte kursieren auch andere Bezeichnungen für sie: Der studierte Gräzist Friedrich Nietzsche etwa hielt als Professor für Klassische Philologie in Basel eine Vorlesung mit dem Titel: „Die vorplatonischen Philosophen", an deren Beginn er die Wahl dieses Terminus begründet.[18]

a) Die Ausgabe von Diels und Kranz

Die momentan maßgebliche Ausgabe der Fragmente der Vorsokratiker ist die von Hermann Diels begründete Sammlung, deren erste Auflage im Jahr 1903 erschien. Seine Arbeit führte Walther Kranz weiter. Die in der fünften Auflage von 1935 festgelegte Zählung ist der Bezugspunkt für spätere Herausgeber und

---

[16] Mansfeld, Vorsokratiker [4], Bd. 1, 317.
[17] Vgl. u. a. M. Heidegger, Sein und Zeit, Tübingen ^{17}1993, 171, 212; Einführung in die Metaphysik (o. Anm. 13), 104–111; Vorträge und Aufsätze, Stuttgart ^{9}2000, 223.
[18] F. Nietzsche, Vorlesungsaufzeichnungen (Bearbeitet von F. Bornmann und M. Carpitella). Nietzsche Werke. Kritische Gesamtausgabe. Zweite Abteilung: Bd. 4, Berlin-New York 1995, 207–263. Über die Entwicklung des Begriffes Vorsokratiker informiert die „Einführung" in: Gemelli Marciano, Vorsokratiker [6], Bd. 1, 373–379.

Übersetzer von Fragmenten der Vorsokratiker.[19] Diese gruppieren zwar oft die Fragmente neu, geben jedoch im Regelfall in einer sog. „Konkordanz" (mittellat. *concordantia* „Übereinstimmung") die entsprechende Nummerierung nach der Ausgabe von Diels-Kranz an, auf welche meist mit der Abkürzung „D-K" oder „DK" referiert wird.

Wie ist diese Ausgabe angeordnet? – Wir besitzen nur sehr wenig „direkt" (z. B. auf Papyrus) überlieferte Zeilen der Vorsokratiker. Der Großteil der ihnen zugeschriebenen Texte stammen aus Werken späterer Autoren. Bei Diels-Kranz sind die aufgeführten Vorsokratiker durchnummeriert (die Nummer eins trägt der sagenumwobene Orpheus) und die mit dem betreffenden Vorsokratiker in Verbindung gebrachten Texte sind zweifach unterteilt; nämlich in einen Teil A, der Zeugnisse anderer Autoren *über* den jeweiligen Denker enthält (sog. „Testimonien" – lat. *testimonium* „Zeugnis"), und in einen Teil B, welcher diejenigen Texte umfasst, von denen man annimmt, dass sie *von* dem jeweiligen Denker stammen (ein Hinweis auf ein „Originalzitat" bei dem tradierenden Autor kann z. B. sein, dass in den Prosatext ein metrisches Stück eingeschoben ist). Diese unter „B" angegebenen Texte sind diejenigen, welche man gemeinhin als „Fragmente" (lat. *fragmentum* „Bruchstück") bezeichnet.

Man trifft in dieser Sammlung sowohl auf griechisch als auch auf lateinisch schreibende Autoren, welche die Testimonien und Fragmente bewahrt haben. Zahlreiche Zitate von Vorsokratikern finden sich bei Aristoteles, der seine Vorlesungen in der Regel mit einer forschungsgeschichtlichen Einleitung beginnen lässt. Daneben verdankt man viele Fragmente den Kirchenvätern, z. B. Clemens von Alexandria (Ende 2., Anfang 3. Jh. n. Chr.). In der Ausgabe von Diels-Kranz sind die tradierenden Autoren sowie der jeweilige Zitatkontext angegeben (im Teil B ist darüber hinaus eine deutsche Übersetzung des jeweiligen Fragments beigefügt), der oftmals einen ersten Hinweis darauf geben kann, wie das Fragment von dem Autor, der es überliefert, verstanden wurde.

---

[19] Zu beachten ist die Änderung der Zählung mancher Fragmente von der vierten (1922) zur fünften Auflage (1935) z. B. im Zusammenhang mit Martin Heideggers Auseinandersetzung mit den Vorsokratikern. Er zitiert beispielsweise den oben genannten Satz des Parmenides manchmal als Fragment 5 (Zählung 4. Aufl. Diels-Kranz), manchmal als Fragment 3 (Zählung 5. Aufl. Diels-Kranz); vgl. A. Dunshirn, Index zu griechischen Zitaten bei Heidegger, in: H. Vetter, M. Flatscher (Hg.), Hermeneutische Phänomenologie – phänomenologische Hermeneutik, Frankfurt a. M. u. a. 2005, 281–82.

b) Der Zitatkontext der Vorsokratikerfragmente

Der eingangs genannte Satz müsste vollständig folgendermaßen zitiert werden: „Fragment 28 B 3 D-K". Dabei bedeutet „28", dass Parmenides der 28. der von Diels-Kranz zusammengestellten Vorsokratiker ist. „B" verweist darauf, dass der Text aus demjenigen Teil der Sammlung stammt, welcher die für Originaltexte gehaltenen Passagen enthält. Und „3" gibt an, dass es sich um das dritte der dort angeführten Zitate handelt.

Dieser als Fragment 3 gezählte Satz ist bei zwei Autoren „belegt": Einerseits zitiert ihn Clemens von Alexandria im sechsten Buch seiner Στρωματεῖς („Flickenteppiche", § 23), in welchem er sich mit dem Phänomen der Allegorie auseinandersetzt, und andererseits überliefert diesen Satz der etwas später als Clemens lebende Plotin (etwa 205–270), der im Jahr 244 n. Chr. in Rom eine platonische Philosophenschule gründete und als der bedeutendste der sog. „Neuplatoniker" gilt. Bei ihm liest man die Parmenides-Zeile in der ersten Schrift des fünften Teils seiner *Enneaden*. (Plotins Werke wurden in neun Teile zu je sechs Schriften eingeteilt, weshalb sie den Titel „Enneaden" (ἐννέα „neun") erhielten.) Die erste Schrift des fünften Teils trägt den Titel: Περὶ τῶν τριῶν ἀρχικῶν ὑποστάσεων („Die drei ursprünglichen Wesenheiten"). Im achten Kapitel referiert Plotin Grundpositionen Platons und nennt in diesem Zusammenhang Parmenides als einen seiner Vorläufer. Dieser Text kann auch als ein Vorverweis auf Platon dienen:

Καὶ διὰ τοῦτο καὶ τὰ Πλάτωνος τριττά· „πάντα" „περὶ τὸν πάντων βασιλέα" φησὶ τὰ πρῶτα καὶ „δεύτερον περὶ τὰ δεύτερα" καὶ „περὶ τὰ τρίτα τρίτον". λέγει δὲ καὶ τοῦ αἰτίου εἶναι πατέρα, αἴτιον μὲν τὸν νοῦν λέγων· δημιουργὸς γὰρ ὁ νοῦς αὐτῷ· τοῦτον δέ φησι τὴν ψυχὴν ποιεῖν ἐν τῷ κρατῆρι ἐκείνῳ· τοῦ αἰτίου δὲ νοῦ ὄντος πατέρα φησὶ τἀγαθὸν καὶ τὸ ἐπέκεινα νοῦ καὶ ἐπέκεινα οὐσίας. πολλαχοῦ δὲ τὸ ὂν καὶ τὸν νοῦν τὴν ἰδέαν λέγει. ὥστε Πλάτωνα εἰδέναι ἐκ μὲν τἀγαθοῦ τὸν νοῦν, ἐκ δὲ τοῦ νοῦ τὴν ψυχήν· καὶ εἶναι τοὺς λόγους τούσδε μὴ καινούς, μηδὲ νῦν ἀλλὰ πάλαι μὲν εἰρῆσθαι μὴ ἀναπεπταμένως, τοὺς δὲ νῦν λόγους ἐξηγητὰς ἐκείνων γεγονέναι μαρτυρίοις πιστωσαμένους τὰς δόξας ταύτας παλαιὰς εἶναι τοῖς αὐτοῦ τοῦ Πλάτωνος γράμμασιν. Ἥπτετο μὲν οὖν καὶ Παρμενίδης πρότερον τῆς τοιαύτης δόξης, καθόσον εἰς ταὐτὸ συνῆγεν ὂν καὶ νοῦν καὶ τὸ ὂν οὐκ ἐν τοῖς αἰσθητοῖς ἐτίθετο, **"τὸ γὰρ αὐτὸ νοεῖν ἐστίν τε καὶ εἶναι"** λέγων· καὶ ἀκίνητον δὲ λέγει τοῦτο καίτοι προστιθεὶς τὸ νοεῖν, σωματικὴν πᾶσαν κίνησιν ἐξαιρῶν ἀπ' αὐτοῦ ἵνα μένῃ ὡσαύτως, καὶ ὄγκῳ σφαίρας ἀπεικάζων, ὅτι πάντα ἔχει περιειλημμένα καὶ ὅτι τὸ νοεῖν οὐκ ἔξω ἀλλ' ἐν ἑαυτῷ. ἓν δὲ λέγων ἐν τοῖς ἑαυτοῦ συγγράμμασιν αἰτίαν εἶχεν ὡς τοῦ ἑνὸς τούτου πολλὰ εὑρισκομένου. ὁ δὲ παρὰ Πλάτωνι Παρμενίδης ἀκριβέστερον λέγων διαιρεῖ ἀπ' ἀλλήλων τὸ πρῶτον ἕν, ὃ κυριώτερον ἕν, καὶ δεύτερον ἓν πολλὰ λέγων καὶ τρίτον ἓν καὶ πολλά· καὶ σύμφωνος οὕτως καὶ αὐτός ἐστι ταῖς φύσεσι ταῖς τρισίν. (Hervorheb. A. D.)

Aus diesem Grunde lehrt auch Plato drei Stufen: „Alles", das heißt das Erste, „ist um den König aller Dinge", sagt er, „und das Zweite um das Zweite und um das Dritte das Dritte". Auch sagt er daß „das Ursächliche einen Vater" habe, und zwar meint er mit dem Ursächlichen den Geist; denn der Geist ist für ihn der Weltschöpfer, von ihm sagt er daß er die Seele schafft in jenem „Mischkrug"; Vater nun dieses Ursächlichen welches der Geist ist, nennt er das Gute, das jenseits des Geistes und jenseits des Seins Stehende. Weiter nennt er an vielen Stellen das Seiende und den Geist Idee. Somit hat Plato gewußt, daß aus dem Guten der Geist und aus dem Geist die Seele hervorgeht. Diese Lehren sind also nicht neu, nicht jetzt erst, sondern schon längst, wenn auch nicht klar und ausdrücklich, gesagt, und unsere jetzigen Lehren stellen sich nur dar als Auslegung jener alten, und die Tatsache daß diese Lehren alt sind, erhärten sie aus dem Zeugnis von Platos eigenen Schriften. Angerührt hat ja schon vorher Parmenides eine derartige Auffassung, insofern er Seiendes und Geist zusammenfallen ließ und das Seiende damit nicht unter die Sinnendinge setzte: **„denn dasselbe ist Denken wie Sein"** sagt er; er bezeichnet dies Seiende auch als unbeweglich, obgleich er ihm das Denken beilegt, er schließt nämlich jede körperliche Bewegung von ihm aus damit es sich gleich bleibe, und vergleicht es einer Kugelmasse, weil es alles umschließend in sich hat und weil sein Denken nicht außen ist sondern in ihm selbst. Indem er es aber in seinen Schriften Eines nannte, konnte man ihm den Vorwurf machen daß dieses Eine ja als Vielheit angetroffen wird. Da spricht der Parmenides bei Plato genauer, er scheidet voneinander das erste Eine, das im eigentlichen Sinne „Eine", das Zweite, welches er „Eines Vieles" nennt, und das Dritte, „Eines und Vieles"; so stimmt er ebenfalls überein mit der Lehre von den drei Wesenheiten. (R. Harder, Übers.)

Plotin stellt hier Parmenides in eine Reihe mit Platon und anderen Denkern, die „Geist" und „Sein" „zusammenfallen" ließen. Im Anschluss an diese Stelle steht eine beachtenswerte Philosophiegeschichte *in nuce*: Plotin referiert die Lehren Anaxagoras', Heraklits, Empedokles' und Aristoteles'. An zentralen Termini der zitierten Stelle sind die Ausdrücke νοῦς und τὸ ἐπέκεινα τῆς οὐσίας hervorzuheben. Oben ist bereits das zu dem Hauptwort νοῦς gehörende Zeitwort νοεῖν („denken") vorgekommen. νοῦς wird jedoch selten mit „Denken" übersetzt, häufiger mit „Geist" oder „Vernunft".

Die Wendung τὸ ἐπέκεινα τῆς οὐσίας „das Jenseits der οὐσία" verweist auf das sechste Buch der *Politeia* Platons, wo Sokrates ein Bild der auch von Plotin erwähnten Idee des ἀγαθόν, des Guten zu geben versucht (s. u. 94).[20]

Es soll jedoch hier weder auf die Problematik der Übersetzung dieser Plotinstelle eingegangen, noch eine Auseinandersetzung mit diesen Termini erfolgen, die im Platonkapitel behandelt werden. Der Zitatkontext wurde lediglich angegeben, damit deutlich wird, dass aus ihm ein Hinweis auf das antike Verständnis der überlieferten Fragmente gewonnen werden kann.

Exkurs: Wörterbücher

Über die Möglichkeiten, wie ein griechisches Wort übersetzt werden kann, informieren verschiedenste Wörterbücher bzw. Lexika, die unterschiedliche Zeiträume der griechischen Sprachgeschichte umfassen.[21] Grundsätzlich ist zu beachten, dass die umfangreicheren Wörterbücher in der Regel so aufgebaut sind, dass sie zum jeweiligen Eintrag die von den modernen Herausgebern unterschiedenen Bedeutungen in Unterkapiteln verzeichnen (z. B. sind bei einer Präposition in Unterkapiteln die unterschiedlichen Bedeutungen des Wortes im Zusammenhang mit verschiedenen Fällen angeführt).[22] Innerhalb dieser

---

[20] Vgl. den Titel von Emmanuel Lévinas' Werk *Autrement qu'être ou au-delà de l'essence* („Jenseits des Seins", Le Haye 1974).

[21] Im Fall des antiken Griechisch wird von den wissenschaftlichen Lexika meist zwischen nichtchristlicher und christlicher Literatur differenziert. So verzeichnet der „Liddell-Scott" (s. u.) zwar auch heidnische Literatur der Spätantike, erfasst den Wortgebrauch des griechischen Neuen Testaments und der griechischen Kirchenväter nur beschränkt. Für diese Bereiche gibt es gesonderte Wörterbücher; vgl. u. a. W. Bauer, Griechisch-deutsches Wörterbuch zu den Schriften des Neuen Testaments und der frühchristlichen Literatur, K. und B. Aland (Hg.), 6., völlig neu bearbeitete Aufl., Berlin u. a. 1988; G. W. H. Lampe, A Patristic Greek Lexicon, Oxford [12]1995.

[22] Gewöhnlich wird in den Wörterbüchern zunächst die konkrete Bedeutung eines Wortes angegeben, und danach dasjenige, was das betreffende Wort im übertragenen Sinn heißen kann, d. h. seine Bedeutung im „eigentlichen" wird von derjenigen im „uneigentlichen" Sinne abgehoben (gr. κυρίως vs. μεταφορικῶς, lat. *proprie* vs. *translate*).
Philosophische Überlegungen zur Lexikographie bietet P. Ricœur, Wege der Anerkennung. Erkennen, Wiedererkennen, Anerkanntsein. U. Bokelmann und B. Heber-Schärer (Übers.), Frankfurt a. M. 2006, 19–29.

Unterkapitel werden sog. „Belegstellen" angegeben, also Stellen in literarischen Werken oder auf Inschriften, an denen ein Wort auffindbar ist. Diese Belegstellen werden in chronologischer Reihenfolge angeführt. Bei vielen griechischen Wörtern wird man deshalb an erster Stelle Hinweise darauf lesen, was sie bei Homer, der ersten literarischen Quelle für das Griechische, heißen.

a) Der Wörterbucheintrag νοεῖν im „Passow"

Schlägt man beispielsweise im Wörterbuch von Franz Passow[23] unter dem Eintrag νοεῖν nach, erhält man als erste Information über seine Bedeutung folgende: „geistig od. mit dem Verstande wahrnehmen, gewahr werden, inne werden, bemerken, erkennen, allg. von Homer an, der das rein sinnliche Wahrnehmen (ἰδεῖν, ἀθρεῖν) von dem mit einer Verstandesthätigkeit begleiteten u. erst auf das ἰδεῖν folgenden wohl unterscheidet: τὸν δὲ ἰδὼν ἐνόησεν, Il. 11, 599." (Hervorheb. lt. Original) Aus dieser Angabe ist ersichtlich, dass eine Homerstelle als erster Beleg für ein Wort herangezogen wird. Die Abkürzung „Il." steht für „Ilias", dem älteren der Homer zugeschriebenen Epen. Die daran angeschlossenen Zahlen geben den Gesang und die Verszahl an. Das hier genommene Beispiel, durch welches der Unterschied von „sinnlichem Wahrnehmen" und „Verstandestätigkeit" deutlich gemacht werden soll, entstammt derjenigen Szene, in welcher der grollende Achilleus beobachtet, wie Nestor mit dem verwundeten Machaon aus der Schlacht zurückkehrt, wo es dann eben heißt: „den aber sah und bemerkte der fußstarke göttliche Achilleus".

Von diesem sehr ausführlichen, vierbändigen „Handwörterbuch" von Franz Passow wird immer wieder die fünfte Auflage von 1852 nachgedruckt, welche von Valentin Chr. Fr. Rost und Friedrich Palm „neu bearbeitet und zeitgemäß umgestaltet" wurde.

In diesem Zusammenhang kann auch auf das hingewiesen werden, was Werner Beierwaltes über Martin Heideggers Bemühungen, der „*ursprünglichen* Bedeutung" griechischer Wörter nachzuspüren, anmerkt: Er habe als ursprüngliche oft die als erste im entsprechenden Eintrag des Wörterbuchs von Wilhelm Pape (Griechisch-Deutsches Wörterbuch, Braunschweig 1843, ³1914) angegebene Bedeutung eines Wortes angenommen; vgl. W. Beierwaltes, Heideggers Rückgang zu den Griechen, München 1995, 15–16.

[23] S. Lit.verz. Nr. 43.

b) Der „Liddell-Scott"

Der „Passow" liegt dem momentan aktuellsten einigermaßen umfassenden wissenschaftlichen Wörterbuch zum Altgriechischen zugrunde, worüber dessen „Preface 1925" informiert. Dieses Lexikon wird meist nach seinen ersten beiden Herausgebern Henry George Liddell und Robert Scott zitiert, bisweilen unter Hinzufügung des Namens des maßgeblichen Überarbeiters, Henry Stuart Jones, was bei Zusammenstellung der Anfangsbuchstaben der Familiennamen die Abkürzung „LSJ" ergibt. Dieses Werk wurde zuletzt im Jahr 1996 durch ein „Revised supplement" aktualisiert, welches z. B. Belegstellen aus neuen Papyrus- oder Inschriftenfunden enthält.[24]

Gerade für die Auseinandersetzung mit deutschsprachiger Philosophie sind aber die älteren Wörterbücher von Passow und Pape[25] nach wie vor von Interesse, wenn man die Möglichkeit bedenkt, dass in den vergangenen zwei Jahrhunderten manche Philosophen, die sich mit der griechischen Philosophie beschäftigten, sie benutzt haben.

Man lese etwa nach, was im Passow unter οὐσία steht: „das Seyende, *substantia*, dah. 1) das V e r m ö g e n, E i g e n t h u m, A n w e s e n [...], 2) die W e s e n h e i t, das W e s e n, wahrhafte Seyn" (Hervorheb. lt. Original). Daraus ist ersichtlich, dass Martin Heidegger mit seinem wiederholten Hinweis auf die Doppeldeutigkeit des Wortes οὐσία[26] das referiert, was man in einem Lexikon finden kann. Es bleibe freilich dahingestellt, ob die im Lexikon vorzufindenden Unterscheidungen der Bedeutungen stets zutreffend sind.

---

[24] S. Lit.verz. Nr. 44.
[25] S. o. Anm. 22.
[26] Vgl. u. a. Einführung in die Metaphysik (o. Anm. 13), 46: „Alle jetzt aufgezählten Bestimmungen des Seins gründen jedoch in dem und werden zusammengehalten durch das, worin die Griechen fraglos den Sinn des Seins erfahren und was sie οὐσία, voller παρουσία, nennen. Die übliche Gedankenlosigkeit übersetzt das Wort mit »Substanz« und verfehlt damit allen Sinn. Wir haben für παρουσία den gemäßen deutschen Ausdruck in dem Wort An-wesen. Wir benennen so ein in sich geschlossenes Bauern- und Hofgut. Noch zu Aristoteles' Zeiten wird οὐσία zugleich in diesem Sinne *und* in der Bedeutung des philosophischen Grundwortes gebraucht."

c) Etymologische Wörterbücher

An die Frage der Bedeutung knüpft sich diejenige nach der Herkunft eines Wortes. Die Suche des ἔτυμος λόγος, des „wahren Wortes" führte nicht nur manchen modernen Philosophen zu – wie einige Kritiker meinen – seltsamen sprachgeschichtlichen Mutmaßungen, sondern brachte auch Sokrates, wie im *Kratylos* gesagt wird, in einen rasereiähnlichen Zustand (s. u. 79). Tatsächlich sind viele der dort vorgebrachten Worterklärungen von Platon wohl als Scherz gedacht.[27] Auch manche der modernen Deutungsversuche griechischer Wörter entbehren nicht eines gewissen humoristischen Momentes, wie z. B. derjenige des schon erwähnten Wortes νοῦς (s. u.).

Das Standardlexikon zur griechischen Etymologie ist das zweibändige Werk von Hjalmar Frisk, welches durch einen Nachtragsband ergänzt wurde, dessen zweite Auflage aus dem Jahr 1979 stammt.[28]

Unter den einzelnen Einträgen sind dort normalerweise zunächst Ableitungen von dem betreffenden Wort (gefolgt von Literaturangaben) angeführt, und dann wird durch den Vergleich mit verwandten Sprachen versucht, eine ursprüngliche Bedeutung der Wortwurzel zu erschließen, wobei auch als unwahrscheinlich geltende Erklärungsversuche referiert werden.

α) Etymologisierungsversuch des Wortes νοῦς

Zu νοῦς liest man: „Die alte, nicht unmögliche Verbindung mit germ., z. B. got. *snutrs* ‚weise, klug' […] ist von Schwyzer […] wieder aufgenommen und weiter ausgebaut worden unter Annahme einer Grundbed. ‚Spürsinn' von angebl. *snu-* ‚schnuppern', das auch in νυός, lat. *nurus* ‚Schwiegertochter' und *nūbō* ‚heiraten' (mit Anspielung auf den Schnüffelkuß, eine Sitte des Verwandtenkusses) vorliegen soll, eine Hypothese, die weit über das Beweisbare hinausgeht."

---

[27] Wiederholt zeigte die Platonforschung auf, dass die von Sokrates vorgebrachten Argumente für die These, die Namen hätten ihre Bedeutung von Natur aus, Scheinargumente seien, und Sokrates seinen Spott mit dieser These treibe; vgl. u. a. R. Rehn, Der logos der Seele. Wesen, Aufgabe und Bedeutung der Sprache in der platonischen Philosophie, Hamburg 1982, 11.

[28] S. Lit.verz. Nr. 47.

β) Etymologische Diskussion über das Wort ἀλήθεια

Das griechische Wort ἀλήθεια wird gemeinhin mit „Wahrheit" übersetzt. Will man im etymologischen Wörterbuch die (sprachgeschichtliche) Wahrheit über die „Wahrheit" erfahren und liest man bei Frisk unter ἀληθής nach, findet man den lapidaren Eintrag[29]: „Adjektivabstraktum ἀληθείη, -είᾱ und ἀλήθειᾰ (jünger, Schwyzer 469) ‚Wahrheit, Wirklichkeit'. Zur Begriffsentwicklung Bultmann Zeitschr. f. neut. Wiss. 27, 113ff." Mit dieser Literaturangabe ist man auf eine bekannte Diskussion verwiesen: Der genannte Artikel stammt von Rudolf Bultmann (dem evangelischen Theologen, der in Marburg a. L. wirkte, und zu dem Martin Heidegger Kontakt pflegte), trägt den Titel „Untersuchungen zum Johannesevangelium" und erschien im Jahr 1928 im Band 27 der *Zeitschrift für die neutestamentliche Wissenschaft und die Kunde der älteren Kirche* (auf den Seiten 113–163). Im zweiten Teil dieser Untersuchung setzt sich Bultmann mit der „Ἀλήθεια in der griechischen und hellenistischen Literatur" auseinander (134–163).

Im ersten Kapitel hebt Bultmann den hebräischen Begriff אמת von dem der ἀλήθεια ab, was ihn zu folgender Aussage führt: „der ursprünglich ganz verschiedene Sinn der beiden Wörter, die völlig andere Orientiertheit der beiden ‚Wahrheit'-Begriffe kann nicht verkannt werden. Ist der Grundsinn des griechischen ἀλήθεια ‚Unverborgenheit', ‚Aufgedecktheit', von dem aus sich die differenzierten Bedeutungen ‚Wahrheit' (eines Satzes und aller möglichen Sätze), ‚Wahrhaftigkeit', ‚Echtheit', ‚Wirklichkeit' (= immer Seiendes) ergeben (vgl. Teil II), so ist אמת das Feste, Geltende, das nicht irgendwo ‚da' ist, sondern sich im zeitlich-geschichtlichen Miteinandersein vollzieht im Verhalten von Menschen zu Menschen, von Gott zu Menschen und Menschen zu Gott" (121, Hervorheb. lt. Original). Am Anfang dieses zweiten Teils, auf welchen Bultmann vorausdeutet, zitiert er als einzige „Sekundärliteratur" folgendes Werk: „M. Heidegger, Sein und Zeit, 212–230", welches ein Jahr vor Bultmanns Aufsatz erschienen war. Heidegger tritt darin in die Diskussion über die Bedeutung von ἀλήθεια ein. Nicolai Hartmann, ein Vorgänger Heideggers als Philosophieprofessor in Marburg, schrieb diesbezüglich im Jahr 1909: „Bei Plato hat ἀλήθεια noch vielfach den ursprünglichen, wörtlichen Sinn, der einfache Negation des λανθάνειν ist: ἀ-ληθής – ‚unverborgen'."[30]

---

[29] Vgl. jedoch die Angabe neuer Literatur über ἀλήθεια im Ergänzungsband, Frisk, Griechisches etymologisches Wörterbuch [47], Bd. 3, 26.
[30] N. Hartmann, Platos Logik des Seins, Gießen 1909, 239; vgl. H. Helting, ἀ-λήθεια-Etymologien vor Heidegger im Vergleich mit einigen Phasen der ἀλήθεια-Auslegung bei Heidegger,

Indirekt ist man bei Frisk auf diese Erklärung des Wortes ἀλήθεια verwiesen, die durchaus umstritten ist.[31]

2. Heraklit – Logos

Als Konterpart zu Parmenides, der als der Denker des Seins in die Philosophiegeschichte eingegangen ist, gilt Heraklit aus Ephesos (etwa 540–480 v. Chr.), der Philosoph des Logos und des Wandels.
Das erste bei Diels-Kranz verzeichnete Fragment hebt sogleich mit dem λόγος an und sagt aus, dass die Menschen ihn nicht verstünden:

τοῦ δὲ λόγου τοῦδ᾽ ἐόντος ἀεὶ ἀξύνετοι γίνονται ἄνθρωποι …

δέ	aber; (und) auch
τοῦδ᾽ (für τοῦδε)	*Gen. Sg. zu*
ὅδε, ἥδε, τόδε	dieser, diese, dieses
ἐόντος	*Nebenform von* ὄντος
ἀεί	immer
ἀξύνετος 2 od. ἀσύνετος 2[32] + Gen.	unverständig
γίγνομαι Dep. med.	werden, entstehen, geschehen
ἄνθρωπος, ου m.	Mensch (vgl. Anthropo-logie)

Was heißt λόγος? Es gehört zu genanntem λέγειν „sprechen", weshalb λόγος mit Wörtern übersetzt werden kann, die Ausformungen des Sprechens bezeichnen, wie „Wort", „Rede", „Erzählung". In Platons *Sophistes* ist eine Definition des λόγος zu lesen, die nahe legt, dieses Wort mit „Satz" wiederzugeben (s. u. 86). Des Weiteren wird λόγος mit Wörtern für geistige Tätigkeiten übertragen, wie z. B. mit dem Ausdruck „Vernunft".[33]

Heidegger-Studies 13 (1997), 93–107; C. Strube, Die hermeneutische Situation einer heutigen Deutung des griechischen Wahrheitsverständnisses, in: G. Pöltner, M. Flatscher (Hg.), Heidegger und die Antike, Frankfurt a. M. u. a. 2005, 136–148.
[31] Vgl. zu dieser „philologischen Streitfrage" H. Helting, Ἀλήθεια, in: H.-Ch. Günther, A. Rengakos (Hg.), Heidegger und die Antike, München 2006, 47–69.
[32] Die zu einem Adjektiv gestellte Ziffer „2" gibt an, dass dieses Adjektiv „zweiendig" ist, d. h., gemeinsame Endungen für Maskulinum und Femininum sowie eigene Endungen für das Neutrum hat; zusammengesetzte Adjektive sind durchwegs zweiendig.
[33] Ausführliche Diskussionen dieses Begriffes finden sich auch in der Christologie, v. a. im Zusammenhang mit dem Anfang des Johannesevangeliums, welcher lautet: Ἐν ἀρχῇ ἦν ὁ

Das in dieser Zeile auf λόγου folgende Wort ἐόντος stellt eine anders lautende Form des Genitivs (Sg.) des schon bekannten Partizips zu εἶναι dar, die man meist als „epische" Form bezeichnet.

Exkurs: Dialekte des Griechischen

Im Elementarunterricht des Griechischen wird im Regelfall das sog. „Attische" gelehrt, derjenige griechische Dialekt, welcher im Raum um Athen gesprochen wurde. Neben diesem existierten andere, nach griechischen Stämmen benannte Dialekte, wie das Dorische, Ionische oder Äolische, die auch für spezielle Literaturgattungen signifikant waren (z. B. wurden die Chorlieder in den Tragödien im dorischen Dialekt verfasst). Zahlreiche Texte der Vorsokratiker, von denen viele aus dem kleinasiatisch-ionischen Raum stammten, weisen den ionischen Dialekt auf; so auch die des Heraklit, der aus Ephesos gebürtig war.

Hinsichtlich der Stellung des ἀεί wird seit der Antike diskutiert, ob es den Logos oder das ἀξύνετοι näher bestimmt (oder beide; vgl. Aristoteles, *Rhetorik* Γ 5, 1407b13–18).

λόγος – Im Anfang war der λόγος. Erinnert sei an Fausts Ringen um die Übertragung dieser Zeile (Goethe, *Faust* I, 1224–37):
> Geschrieben steht: „Im Anfang war das *Wort*!"
> Hier stock ich schon! Wer hilft mir weiter fort?
> Ich kann das *Wort* so hoch unmöglich schätzen,
> Ich muß es anders übersetzen,
> Wenn ich vom Geiste recht erleuchtet bin.
> Geschrieben steht: Im Anfang war der *Sinn*.
> Bedenke wohl die erste Zeile,
> Daß deine Feder sich nicht übereile!
> Ist es der *Sinn*, der alles wirkt und schafft?
> Es sollte stehn: Im Anfang war die *Kraft*!
> Doch, auch indem ich dieses niederschreibe,
> Schon warnt mich was, daß ich dabei nicht bleibe.
> Mir hilft der Geist! Auf einmal seh ich Rat
> Und schreibe getrost: Im Anfang war die *Tat*!

Auf eine andere Bedeutung des Wortes λέγειν („zusammenlesen", „sammeln", vgl. lat. *lego*) macht Martin Heidegger aufmerksam, wenn er den Logos als „Versammlung" oder „Lese" fasst (vgl. u. a. den Aufsatz *Logos* in: Heidegger, Vorträge und Aufsätze (o. Anm. 17), 199–221, v. a. 207–08).

Maskulina der o-Deklination G

λόγου, ἀξύνετοι und ἄνθρωποι sind Nomina der sog. „o-Deklination", deren Endungen vom Artikel bekannt sind. Im Unterschied zum Artikel gibt es hier einen Vokativ. Der Nominativ maskulin Singular hat das Zeichen -ς:

Sg. 1. ἄνθρωπος
    2. ἀνθρώπου
    3. ἀνθρώπῳ
    4. ἄνθρωπον
    5. ἄνθρωπε

Pl. 1. ἄνθρωποι
    2. ἀνθρώπων
    3. ἀνθρώποις
    4. ἀνθρώπους
    5. ἄνθρωποι

Medium G

Bei der Form γίνονται stößt man auf eine Eigenart des Griechischen: Es bildet eigene Formen für ein drittes *genus verbi* (für die Diathese, die Verhaltensrichtung des Verbs): Neben Aktiv und Passiv gibt es als drittes Genus das sog. „Medium" (lat. *medium*, das „mittlere" Genus). Das Medium hat oft reflexive Bedeutung, d. h. die Tätigkeit des Subjekts wird damit als sich auf es selbst beziehend ausgesagt.
Ein klassisches Beispiel für ein solches reflexives Medium ist die Form λούομαι „ich wasche mich" (vgl. lat. *lavor*).

Indikativ Präsens

Sg. 1. γίγν-ο-**μαι**
    2. γίγν-**ῃ** (aus -ε-σαι)
    3. γίγν-ε-**ται**

Pl. 1. γιγν-ό-**μεθα**
    2. γίγν-ε-**σθε**
    3. γίγν-ο-**νται**

Infinitiv   γίγν-ε-**σθαι**

Partizip   γιγν-ό-**μενος**

Gleichlautend sind die Formen des Passiv Präsens. Einige philosophische Termini sind als Formen des entsprechenden Partizips zu erklären (z. B. Noumenon als „Gedachtes").
Was das Erkennen griechischer Verbalformen mitunter erschwert, ist die Tatsache, dass im Laufe der Sprachgeschichte manche Laute ausgefallen sind (z.

B. zwischen Vokalen stehendes σ), und die verbleibenden Laute kontrahiert (zu lat. *contraho* „zusammenziehen") wurden. So entstand im Fall der 2. Person Singular die Endung -ῃ aus -εαι.

Das Fragment 45 spricht im Zusammenhang mit dem λόγος von der Unergründlichkeit der „Seele":

ψυχῆς πείρατα ἰὼν οὐκ ἂν ἐξεύροιο, πᾶσαν ἐπιπορευόμενος ὁδόν· οὕτω βαθὺν λόγον ἔχει.

ψυχή, ῆς f.	Hauch, Atem, Seele, Lebensprinzip, „(Lebens)odem" (vgl. Psycho-logie)
(zu ψύχω	hauchen, blasen)
πείρατα	*Akk. Pl. zu*
πεῖραρ, ατος n.	Grenze
ἰών, ἰόντος	*Part. m. Sg. zu*
εἶμι	gehen (werden) (vgl. Ion, „wanderndes (Teilchen)")
οὐ, οὐκ od. οὐχ	nicht (*leugnende Negation, verneint eine Tatsache*)
ἐξεύροιο	*Optativ Aorist 2. Ps. Sg. med. zu*
ἐξ-ευρίσκω	herausfinden, ausfindig machen
πᾶσαν	*Akk. Sg. f. zu*
πᾶς (m.), πᾶσα (f.), πᾶν (n.)	alles, ganz, jeder (vgl. Panto-mime, „alles nachahmend")
ἐπι-πορεύομαι Dep. med.	bereisen; etw. durchgehen
ὁδός, οῦ f.	Weg (vgl. Hodo-meter, „Wegmesser")
οὕτω	so
βαθύν	*Akk. m. Sg. zu*
βαθύς, βαθεῖα, βαθύ	tief
ἔχω	haben (vgl. Ep-oche, das „An-halten")

ψυχῆς ist Gen. Sg. eines Wortes der

a-Deklination				G
Sg.	1. ψυχή	Pl.	1. ψυχαί	
	2. ψυχῆς		2. ψυχῶν	
	3. ψυχῇ		3. ψυχαῖς	
	4. ψυχήν		4. ψυχάς	
	5. ψυχή		5. ψυχαί	

Bei anderen Wörtern der a-Deklination kann für η auch α stehen, welches die ursprünglichere Endung dieser Deklination ist.

Die Partikel ἄν	G

In der Auflistung der Vokabel fehlt das Wörtchen ἄν, welches eine gesonderte Erläuterung erfordert: Es handelt sich dabei um eine sog. „Partikel" (lat. *particula* „Teilchen"), die anzeigt, dass die Aussage eines Satzes nicht als direkter Hinweis auf eine Wirklichkeit verstanden werden will.

Optativ	G

Im Fall des zitierten Fragments steht ἄν vor einer Form des Optativs (ἐξεύροιο). Ebenso wie bei den Genera des Verbs unterscheidet man im Griechischen bei den Modi neben den aus der lateinischen Grammatik bekannten einen weiteren. Neben Indikativ, Konjunktiv und Imperativ gibt es den sog. „Optativ" (zu lat. *optare* „wünschen"), der so benannt wurde, weil er als „bloßer" Optativ im Hauptsatz einen Wunsch anzeigt.
In Verbindung mit ἄν im Hauptsatz drückt er einen „Potentialis" (zu lat. *potentia* „Macht", „Möglichkeit"), eine Möglichkeitsform aus. Gerade dieser Potentialis begegnet im philosophischen Kontext häufig.[34]

Des Weiteren weist die genannte Verbalform ἐξεύροιο mit ihrem „Aspekt" eine Besonderheit gegenüber der lateinischen Grammatik auf.

---

[34] Auf diese grammatikalischen Kategorien greift Bernhard Waldenfels in seinem *Antwortregister* (Frankfurt a. M. 1994) in den Unterkapiteln „Im Banne des Optativs" (159–161) und „Grenzen des Potentialis" (183–84) zurück.

Aorist

Beim Umgang mit den griechischen Verben muss man sich von der Vorstellung eines streng hierarchisch geordneten Zeitensystems, wie sie die lateinische Schulgrammatik nahe legt, verabschieden, wo Vorvergangenheit, Vergangenheit, Mitvergangenheit, Gegenwart, Vorzukunft und Zukunft voneinander abgehoben werden.

Im Griechischen gibt es vier Verbalsysteme, die nahezu gleichberechtigt nebeneinander stehen (Präsens, Futur, Perfekt, Aorist). Stark vereinfachend kann man sagen, dass sie nicht durch ein zeitliches Verhältnis zueinander unterschieden sind, sondern durch die Art, wie sie eine Verbalhandlung betrachten, durch den „Aspekt" (lat. *aspicere* „ansehen") oder die „Aktionsart".[35]

Für Verwirrung sorgt, dass drei der vier Systeme mit Ausdrücken benannt werden, die für das alltägliche Verständnis Zeitstufen bezeichnen, nämlich mit „Präsens", „Futur" und „Perfekt". Nur einem der Verbalsysteme ist eine eigene Bezeichnung vorbehalten, dem Aorist. Bei diesem hat sich in der grammatikalischen Terminologie die griechische Bezeichnung erhalten.

Der Terminus „Aorist" leitet sich vom griechischen Wort ἀόριστος her, welches aus ὅρος „Grenze" und einem ἀ-privativum, einem „verneinenden" ἀ, gebildet ist, und heißt demnach „unbegrenzt, unbestimmt".

Was soll ein unbestimmter Aspekt sein? – Diese Bezeichnung wird dem Stoiker Zenon zugeschrieben, welcher die Zeiten in „bestimmte" (ὡρισμένοι) und „unbestimmte" (ἀόριστοι) eingeteilt habe. Diese Einteilung soll anzeigen, dass die sog. „Zeiten" entweder eine bestimmte Zeitdauer ausdrücken[36] oder zeitlich unbestimmt sind.[37] Im Deutschen können diese Unterscheidung beispielsweise die Wortpaare „suchen"/„finden" oder „werfen"/„treffen" (vgl. βάλλειν/βαλεῖν)[38] illustrieren. Man kann zwar sagen: „Ich habe zwei Stunden gesucht", bei der Aussage: „Ich habe etwas gefunden" ist jedoch keine Zeitdauer aussagbar. Ein anderes Beispiel wäre: „Er schlug sie (drei Stunden lang)"

---

[35] Zur Unterscheidung von Aktionsart und Aspekt vgl. Schwyzer, Griechische Grammatik [51], Bd. 2, 251–52; vgl. auch K. Strunk, s. v. Aktionsart, Der neue Pauly 1 (1996) [65], 417; ders., s. v. Aspekt, Der neue Pauly 2 (1997) [65], 106–107.

[36] Die „bestimmten Zeiten" sind ferner dahingehend unterschieden, ob sie eine zeitliche Erstreckung (χρόνοι παρατατικοί) bzw. Nichtvollendung (ἀτελεῖς) anzeigen oder ob sie eine Vollendung ausdrücken (τέλειοι).

[37] Bei letzteren Formen gibt es keine Möglichkeit der Zeitdauerbestimmung.

[38] βάλλω (Aor. ἔβαλον, Inf. βαλεῖν) „werfen; treffen".

/ „Sie erschlug ihn" – bei letzterem Satz kann wiederum keine Dauer ausgedrückt werden.[39]

Der grundlegende Gegensatz, der in solchen Paaren zum Ausdruck kommt, ist derjenige von Vollendung und Nichtvollendung.[40]

Zenon, der aus Zypern stammte, leitete bei der Benennung von „bestimmten" und „unbestimmten" Zeiten, worauf Max Pohlenz in seinem Buch über die Stoa hinweist, seine semitische Muttersprache, die in ihren beiden Konjugationsklassen primär den abgeschlossenen vom durativen Aspekt unterscheidet. Die nachfolgenden Grammatiker seien, da sie diese Unterscheidung nicht verstanden hätten, von dieser Einteilung nach Aspekten zugunsten einer Einteilung nach Zeitstufen abgewichen.[41] Bei diesem Unverständnis ist es, was die Beschäftigung mit dem Griechischen betrifft, bis weit in die Neuzeit geblieben. Durch Anregung seitens der slawischen Philologien wurde auch bei der Beschreibung des Griechischen und anderer indogermanischen Sprachen der Aspekt gewürdigt.[42] Ab dem Ende des 19. Jh. wurde die Thematisierung der Aktionsarten auch außerhalb der Philologien Mode, was eine Passage in Heideggers *Sein und Zeit* widerspiegelt: „Die *Aktionsarten* sind verwurzelt in der ursprünglichen Zeitlichkeit des Besorgens, mag dieses auf Innerzeitiges sich beziehen oder nicht. Mit Hilfe des vulgären und traditionellen Zeitbegriffes, zu dem die Sprachwissenschaft notgedrungen greift, kann das Problem der existenzial-zeitlichen Struktur der Aktionsarten *nicht einmal gestellt werden*."[43]

Was konstatiert unabhängig von dergleichen philosophischen Bedenken die moderne Sprachwissenschaft zu diesem Thema? In der handlichen Standardgrammatik zum Altgriechischen, welche Eduard Bornemann unter Mitwirkung des Professors für indogermanische Sprachwissenschaft Ernst Risch verfasst hat, liest man Folgendes: „Im *Aoristsystem* erscheint der Verbalinhalt als Handlung oder Vorgang schlechthin."[44]

---

[39] In diesem Beispiel liegt der Unterschied nicht in den Wörtern wie bei dem Paar „suchen"/„finden", sondern wird durch eine Vorsilbe gekennzeichnet.
[40] Die Unterschiedenheit der Aktionsarten bzw. Aspekte wird auch durch die Gegensatzpaare infektiv/konfektiv, imperfektiv/perfektiv oder linear/punktuell angezeigt.
[41] Vgl. M. Pohlenz, Die Stoa. Geschichte einer geistigen Bewegung, Göttingen ²1959, 45–46.
[42] Vgl. u. a. den Sammelband von A. Schopf (Hg.), Der Englische Aspekt, Darmstadt 1974.
[43] Heidegger, Sein und Zeit (o. Anm. 17), 349.
[44] Bornemann-Risch, Griechische Grammatik [48], 214.

Der Indikativ des Aorists

Was die Verwendung des Indikativs des Aorists betrifft, werden mehrere Arten unterschieden, wie „historischer" (erzählender), „konstativer" (feststellender), „ingressiver" (ein Beginnen anzeigender), „effektiver" (einen Endpunkt angebender) oder „gnomischer" Aorist. Erstere Formen verbinden den punktuellen Aspekt mit der Zeitstufe der Vergangenheit;[45] sie werden im Deutschen in der Regel mit einem Perfekt oder Imperfekt übersetzt, z. B. ἔβαλε „er traf" (effektiver Aorist) oder „er schleuderte ab" (ingressiver Aorist).

Der „gnomische" Aorist (zu γνώμη „Sinnspruch") drückt etwas allgemein Gültiges bzw. eine Erfahrungstatsache aus und wird im Deutschen mit Präsensformen wiedergegeben, wie beispielsweise im Fall des unten zitierten Heraklitwortes: πόλεμος ... τοὺς μὲν δούλους ἐποίησε ... „Krieg ... *macht* die einen zu Sklaven ..." (s. u. 41).

„Starker" Aorist G

Zu der Form ἐξ-εύροιο ist noch anzumerken, dass es sich bei ihr um eine Form des sog. „starken" Aorists handelt. „Starke" Tempora sind solche, die ohne Zusatz eines Tempuszeichens von der Verbalwurzel gebildet werden. Man kann sagen, dass man mit dieser Verbalform den Verbalinhalt „schlechthin" vor Augen hat. An den Formen der anderen Verbalsysteme dieses Verbs lässt sich erkennen, dass sie durch Hinzufügung von Suffixen gebildet werden: Die 1. Ps. des Präsens (Sg. Ind. akt.) des *verbum simplex* (des nicht zusammengesetzten Wortes) z. B. lautet εὑρίσκω, die analoge Form des Perfekts ηὕρηκα. Im ersten Fall wurde an die Wurzel das sog. „Inkohativsuffix" (zu lat. *incohare* „anfangen") -σκ- angefügt, welches das In-Gang-Kommen einer Handlung anzeigt, im zweiten wurde das Tempuszeichen -κ- angefügt sowie der Anlaut redupliziert, „verdoppelt". Letztere Form erlangte übrigens durch den legendären Ausruf des Archimedes („Heureka!") Berühmtheit.

---

[45] Vgl. Bornemann-Risch, Griechische Grammatik [48], 216.

Von den bekannten Sprüchen des Heraklit seien zwei genannt: Zunächst das schön alliterierende Fragment 53:

Fragment 53

πόλεμος πάντων μὲν πατήρ ἐστι, πάντων δὲ βασιλεύς, καὶ τοὺς μὲν θεοὺς ἔδειξε τοὺς δὲ ἀνθρώπους, τοὺς μὲν δούλους ἐποίησε τοὺς δὲ ἐλευθέρους.

πόλεμος, ου m.	Krieg (vgl. Polemik)
μέν – δέ	zwar – aber (*hebt zwei Gruppen oder Gedanken voneinander ab*)
πατήρ, πατρός m.	Vater (vgl. Patri-arch)
βασιλεύς, έως m.	König (vgl. Basilika, Basilikum, „Königskraut")
θεός, οῦ m. u. f.	Gott (vgl. Theo-logie)
ἔδειξε	*Indikativ Aor. 3. Ps. Sg. zu*
δείκνυμι	zeigen, nachweisen, erweisen (vgl. lat. *dicere* „sagen")
ὁ μέν – ὁ δέ	der eine – der andere
δοῦλος, ου m.	Sklave, Knecht
ἐποίησε	*Ind. Aor. 3. Ps. Sg. zu*
ποιέω	machen, tun (vgl. Poet, „Macher")
ἐλεύθερος 3[46]	frei

Augment   G

Der Indikativ des Aorists ist stets mit einem Augment (lat. *augmentum* „Vermehrung") versehen (ἐ-), welches ein Zeichen für die Vergangenheitsbedeutung dieses Indikativs ist. Mit diesem Augment werden auch Indikative mit Vergangenheitsbedeutung zum Präsens und Perfekt gebildet, die als „Imperfekt" und „Perfekt-Präteritum" bezeichnet werden.

---

[46] Die zu einem Adjektiv gestellte Ziffer „3" gibt an, dass es sich um ein „dreiendiges" Adjektiv handelt, welches eigene Endungen für Maskulinum, Femininum und Neutrum aufweist; Maskulinum und Neutrum beugen nach der o-, Femininum nach der a-Deklination.

ἔδειξε und ἐποίησε sind Formen des sog. „schwachen" Aorists, der das Tempuszeichen -σ- sowie, mit Ausnahme des Konjunktivs, den Kennvokal α aufweist, weswegen man ihn auch als „σα-Aorist" bezeichnet.
Wenn in diesem Fragment die augmentierten Aoristformen im Deutschen nicht mit einer Vergangenheitsform übersetzt werden, liegt dies daran, dass sie als Formen des sog. „gnomischen Aorists" aufgefasst werden können, der etwas Allgemeingültiges oder Erfahrungstatsachen bezeichnet (s. o. 40).

„Schwacher" Aorist   G

    Sg. 1. ἐπαίδευσα   Pl. 1. ἐπαιδεύσαμεν
       2. ἐπαίδευσας   2. ἐπαιδεύσατε
       3. ἐπαίδευσε(ν)   3. ἐπαίδευσαν

    Infinitiv   παιδεῦσαι

    Imperativ   Sg. παίδευσον   Pl. παιδεύσατε

Ein zweiter bekannter Spruch des Heraklit wird bei Diels-Kranz als Fragment 49 a gezählt:

Fragment 49 a

ποταμοῖς τοῖς αὐτοῖς ἐμβαίνομέν τε καὶ οὐκ ἐμβαίνομεν, εἶμέν τε καὶ οὐκ εἶμεν.

ποταμός, οῦ m.   Fluss (vgl. Hippo-potamos, „Flusspferd")
ἐμ-βαίνω   + *Dat.* (hinein-)steigen in etw.
εἶμεν   *ionisch für* ἐσμέν

Das Zitat πάντα ῥεῖ

Mit dem Fragment 49 a befindet man sich im flüssigen Element und kann sich dem kurzen (und in Zusammenhang mit Heraklit wahrscheinlich bekanntesten) Diktum zuwenden, dem πάντα ῥεῖ „alles fließt". Dieses ist im Gegensatz zu den vorhergenannten Sprüchen nicht als direkte Aussage Heraklits belegt. Bei den von Diels-Kranz unter „A" zusammengestellten Texten über „Leben und

Lehre" liest man jedoch ähnliche Aussagen, z. B. als Nr. 6 eine Stelle aus Platons *Kratylos*: λέγει που Ἡράκλειτος ὅτι πάντα χωρεῖ („Heraklit sagt an einer Stelle, alles bewege sich fort", 402a). Dieses Zitat lässt Sokrates dort in seinen Etymologisierungsversuch des Wortes οὐσία einfließen (401c–d).

An Grammatikalischem kann man aus diesem πάντα ῥεῖ lernen, dass Subjekte im Neutrum Plural (πάντα) ein Prädikat im Singular erhalten (ῥεῖ). Die Verbalformen ῥεῖ bzw. χωρεῖ sind Formen der sog. *verba contracta*.

verba contracta	G

Diese bilden eine Untergruppe der Verba auf -ω und kontrahieren im Präsens und Imperfekt den Stammauslaut mit der Endung. Es gibt *verba contracta* auf -άω, -έω und -όω.

Als Beispiel diene das aus der *Kratylos*-Stelle bekannte χωρεῖν, ein *verbum contractum* auf -έω:

Sg. 1. χωρῶ   Pl. 1. χωροῦμεν
    2. χωρεῖς   2. χωρεῖτε
    3. χωρεῖ   3. χωροῦσι(ν)

Infinitiv   χωρεῖν

Imperativ Sg./Pl.   χώρει/χωρεῖτε

In verschiedenen Einführungen zu den Vorsokratikern ist zu lesen, dass Heraklit sich mit dem Hinweis auf das beständige Werden gegen die früheren Naturphilosophen wandte, die nach einem alles begründenden Urstoff suchten. Erinnert sei in diesem Zusammenhang an Thales, der bei Diels-Kranz unmittelbar auf die unter Nummer zehn zusammengestellte Gruppe der sog. „Sieben Weisen" folgt und der als Grundstoff τὸ ὕδωρ, das Wasser angab.

3. Anaximander

Als Nummer zwölf ist bei Diels-Kranz der in Milet geborene Anaximander (1. Hälfte 6. Jh. v. Chr.) aufgelistet, bei welchem unter „B" zwar fünf Fragmente gezählt werden, von denen jedoch nur das erste einen ganzen Satz darstellt, welcher als „Satz des Anaximander" in die Philosophiegeschichte eingegangen ist. In diesem ist als Urstoff etwas Abstraktes genannt, das ἄπειρον. Dieses Wort ist (wie der Ausdruck ἀ-όριστος mit einem ἀ-privativum) aus dem Begriff πεῖραρ, der im Fragment 45 des Heraklit begegnete, gebildet und bezeichnet das „Unbegrenzte":

Ἀναξίμανδρος ... ἀρχὴν ... εἴρηκε τῶν ὄντων τὸ ἄπειρον ... ἐξ ὧν δὲ ἡ γένεσίς ἐστι τοῖς οὖσι, καὶ τὴν φθορὰν εἰς ταῦτα γίνεσθαι κατὰ τὸ χρεών· διδόναι γὰρ αὐτὰ δίκην καὶ τίσιν ἀλλήλοις τῆς ἀδικίας κατὰ τὴν τοῦ χρόνου τάξιν.

ἀρχή, ῆς f.	Herrschaft; Anfang, Ursprung (vgl. Archi-tekt, „Haupt-baumeister", Erzbischof, aus Archi-episkopos)
εἴρηκε	*Perfekt 3. Ps. Sg. zu λέγω*
ἄ-πειρος 2 (πεῖραρ)	unbegrenzt, unendlich
ἐκ, ἐξ + Gen.	aus, von
ὧν	*Gen. Pl. des Relativpronomens*
ὅς, ἥ, ὅ	der, die, das
γένεσις, εως f. (γίγνομαι)	Werden, Entstehen
φθορά, ᾶς f. (φθείρω)	Vergehen, Zerstörung
εἰς + Akk.	in (... hinein), nach (... hin)
ταῦτα	*Akk. Pl. n. des Demonstrativpronomens*
οὗτος, αὕτη, τοῦτο (Gen. τούτου, ταύτης, τούτου)	dieser, diese, dieses
κατά	+ *Akk.* längs; in Rücksicht auf, gemäß, zufolge
τὸ χρεών	das Notwendige, Schicksal
διδόναι	*Präs. Inf. akt. zu*
δίδωμι	geben
δίκη, ης f.	Weisung, Brauch, Recht (vgl. Theodizee)

τίσιν	*Akk. Sg. zu*
τίσις, εως f.	Buße
ἀλλήλοιν, ἀλλήλων	einander, gegenseitig (vgl. parallel, „nebeneinander")
ἀ-δικία, ας f.	Unrecht
χρόνος, ου m.	Zeit (vgl. Chrono-logie)
τάξιν	*Akk. Sg. zu*
τάξις, εως f. (τάσσω)	Ordnung

ἀρχή ist der *terminus technicus* für dasjenige, was die Vorsokratiker (zumindest nach Ansicht der Philosophiehistoriker) suchten. Dieses Wort bezeichnet den Grund bzw. Anfang, der sich in allen davon abhängenden Dingen durchhält, woraus sich die Bedeutung „Herrschaft" ergibt.

εἴρηκε ist die 3. Ps. Sg. des Perfekts zu λέγω. Ähnlich wie im Lateinischen gibt man im Griechischen

Stammreihen G

an, in welchen folgende Formen aufgelistet werden (jeweils die 1. Ps. Sg. Indikativ):

Präsens	Futur	Aorist akt.	Perfekt akt.
		Aorist pass.	Perfekt pass.

Die entsprechenden Formen zu λέγω lauten:

λέγω	ἐρῶ	εἶπον	εἴρηκα
		ἐρρήθην	εἴρημαι

„Abhängig" von εἴρηκε in obigem Fragment ist ein sog. *accusativus cum infinitivo* (AcI), die aus der lateinischen Grammatik bekannte Konstruktion.

Bei τὸ ἄπειρον liegt die im Griechischen häufige Substantivierung eines Adjektivs mit dem (neutralen) Artikel vor. Die Formen der neutralen Substantiva der o-Deklination lauten folgendermaßen (als Beispiel diene das Wort τὸ δῶρον „Geschenk"):

Neutrale Substantiva der o-Deklination			G

Sg. 1. δῶρον   Pl. 1. δῶρα
    2. δώρου   2. δώρων
    3. δώρῳ   3. δώροις
    4. δῶρον   4. δῶρα
    5. δῶρον   5. δῶρα

Der äußeren Beschaffenheit nach gehört das Wort γένεσις den vokalischen Stämmen innerhalb der Dritten Deklination an, welche einige Kasusendungen aufweisen, die gesondert zu lernen sind. Genauer gesagt zählt dieses Wort zu den

Stämmen auf -ι mit Ablaut			G

Als Paradigma diene der Terminus δύναμις „Fähigkeit, Möglichkeit" (s. u.):

Sg. 1. δύναμις   Pl. 1. δυνάμεις
    2. δυνάμεως   2. δυνάμεων
    3. δυνάμει   3. δυνάμεσι
    4. δύναμιν   4. δυνάμεις

Die Gen. Sg.-Endung -ως (statt -ος) erklärt sich aus dem sog. (im Attischen auftretenden) „Quantitätentausch" (aus δυνάμηος wurde δυνάμεως).

Dieser Satz des Anaximander gibt auch ein Musterbeispiel von philosophischer Übersetzungskritik ab. In seiner Abhandlung „Der Spruch des Anaximander", welche das letzte Stück der *Holzwege* ausmacht, zitiert Martin Heidegger zu Beginn die Übersetzungen dieses Satzes von Friedrich Nietzsche und Hermann Diels und durchdenkt im Anschluss daran die einzelnen griechischen Wörter. Am Schluss seiner Untersuchung, die immerhin 48 Druckseiten umfasst, hat er als eigentlichen Spruch des Anaximander aus dem überlieferten Fragment Folgendes herausgelöst: „... κατὰ τὸ χρεών· διδόναι γὰρ αὐτὰ δίκην καὶ τίσιν ἀλλήλοις τῆς ἀδικίας. ... entlang dem Brauch; gehören nämlich lassen sie Fug somit auch Ruch eines dem anderen (im Verwinden) des Un-fugs."[47]

---

[47] M. Heidegger, Holzwege, Frankfurt a. M. ⁵1972, 342.

4. Xenophanes

Einer der sog. „Vorsokratiker", der sich weniger rätselhaft liest als die bisher angeführten, ist der hauptsächlich für seine Kritik am anthropomorphen Götterbild bekannte Xenophanes aus Kolophon (um 570–480 v. Chr.). Seine Fragmente werden unterteilt in Bruchstücke von Ἐλεγεῖαι, Σίλλοι („Spottgedichte") und Παρῳδίαι („Entstellungslieder"). Die Bedeutung des Wortes „Elegie" ist nicht geklärt. In der Antike wurden Dichtwerke primär aufgrund ihrer äußeren Beschaffenheit als Elegien klassifiziert, d. h. aufgrund ihres Versmaßes, des sog. „elegischen Distichons".

Exkurs: Wanderer, kommst du nach Spa…

Das vielleicht bekannteste griechische elegische Distichon ist dasjenige, welches zum Andenken an die gefallenen Spartaner, die im Jahr 480 v. Chr. unter Führung des Leonidas den Thermopylenpass gegen die Perser verteidigten, verfasst wurde. Uns überliefert es der Historiker Herodot im siebenten Buch seiner *Historien* (§ 228):

> ὦ ξεῖν', ἀγγέλλειν Λακεδαιμονίοις, ὅτι τῇδε
> κείμεθα τοῖς κείνων ῥήμασι πειθόμενοι.

Im deutschsprachigen Raum ist dieses Distichon vor allem durch die Übersetzung von Friedrich Schiller bekannt geworden:

> Wanderer, kommst du nach Sparta, verkündige dorten, du habest
> uns hier liegen gesehn, wie das Gesetz es befahl.

ξεῖνος (ion.), ξένος (att.) 3	Fremder; fremd (vgl. xeno-phob, „Fremde(s) fürchtend")
ἀγγέλλω	melden
Λακεδαιμόνιοι	Lakedämonier, Spartaner
ὅτι	dass; weil
τῇδε	hier
κεῖμαι	liegen
κεῖνος (ion.) = ἐκεῖνος, ἐκείνη, ἐκεῖνο	jener
ῥήμασι	*Dat. Pl. zu*

ῥῆμα, ατος n. Wort, Äußerung, Verbum
πείθομαι pass. und med. überredet, überzeugt werden; gehorchen

Vokativ G

Der Anredefall wird im Griechischen häufig durch ein vorangestelltes ὦ angezeigt und hat in der o-Deklination im Singular die Endung -ε. Dieses -ε ist im Fall des ξεῖν' elidiert (lat. *elidere* „herausstoßen"). Der griechische Hexameter ist insofern leichter als der lateinische zu lesen, da die notwendigen Elisionen bereits in der Textgestaltung vorgenommen sind (darüber hinaus erkennt man an den Buchstaben die Länge und Kürze der Vokale e und o).

Die Form ἀγγέλλειν ist hier als

Imperativischer Infinitiv G

aufzufassen: Der Infinitiv wird statt der zweiten oder dritten Person des Imperativs gebraucht.

Die erste Gruppe der Fragmente des Xenophanes bilden, wie gesagt, die „Elegien". Das Fragment 1 stellt den Ausschnitt einer Elegie dar, die das Trinken zu ihrem Gegenstand hat:

Fragment 1

Unter anderem ist in diesem Fragment auch über die ὕβρις zu lesen (v. 17–18):

> οὐχ ὕβρις πίνειν ὁπόσον κεν ἔχων ἀφίκοιο
> οἴκαδ' ἄνευ προπόλου μὴ πάνυ γηραλέος.

ὕβρις, εως f. Übermaß, Hochmut (vgl. Hybris)
πίνω trinken
ὁπόσος 3 wie groß, wie viel
κεν = ἄν
ἀφίκοιο *Opt. Aor. 2. Ps. Sg. zu*
ἀφικνέομαι Dep. med. ankommen, gelangen
οἴκαδε nach Hause

ἄνευ + Gen.	ohne
πρόπολος, ου m., f.	Diener, Dienerin
μή	nicht (*abwehrende Negation, verneint das Gedachte*)
πάνυ	ganz, gänzlich
γηραλέος 3	alt, greis
(zu γῆρας, αος n.	hohes Alter, vgl. Geriatrie)

Xenophanes' Götterkritik

Wesentlich bekannter als dieses Elegien-Fragment ist das den Σίλλοι zugeschriebene Fragment 11:

πάντα θεοῖσ' ἀνέθηκαν Ὅμηρός θ' Ἡσίοδός τε,
ὅσσα παρ' ἀνθρώποισιν ὀνείδεα καὶ ψόγος ἐστίν,
κλέπτειν μοιχεύειν τε καὶ ἀλλήλους ἀπατεύειν.

ἀνέθηκαν	*Aor. 3. Ps. Pl. (episch) zu*
ἀνα-τίθημι	aufbürden, anhängen
θ'	*aus* τε
ὅσσος (episch) = ὅσος	wieviel
παρά	+ *Dat.* bei (*lokal*)
ὄνειδος, ους n.	Tadel, Schmach
ψόγος, ου m.	Schimpf, Tadel
κλέπτω	stehlen (vgl. Klepto-manie)
μοιχεύω	ehebrechen, huren
ἀπατεύω	betrügen, täuschen

Bei der Form θ' in der ersten Zeile liegt das Phänomen der sog. „Hauchassimilation" vor. Das ε des ursprünglichen τε wurde elidiert, und das τ wurde dem nachfolgenden *spiritus asper* angepasst und somit zu θ.
Das Wort ὄνειδος gehört zur Gruppe der

σ-Stämme	**G**

Die Substantive dieser Gruppe sind Neutra und weisen in manchen Kasus aufgrund des Ausfalls von intervokalischem σ mit nachfolgender Kontraktion

Formen auf, die eigens gelernt werden müssen. Als Beispiel diene das Wort γένος „Geschlecht, Gattung":

Sg.	1. γένος		Pl. 1.	γένη (γένεα)
	2. γένους (aus γένεσος)		2.	γενῶν (γενέων)
	3. γένει (aus γένεσι)		3.	γένεσι (γένεσσι)
	4. γένος		4.	γένη (γένεα)

An das Fragment über die Götterkritik können die oft zitierten Fragmente über den Anthropomorphismus der Göttervorstellung angeschlossen werden:

Doch wenn die Ochsen und Rosse und Löwen Hände hätten oder malen könnten mit ihren Händen und Werke bilden wie die Menschen, so würden die Rosse roßähnliche, die Ochsen ochsenähnliche Göttergestalten malen und solche Körper bilden, wie jede Art gerade selbst ihre Form hätte. (Frg. 15, Diels-Kranz, Übers.).

Die Äthiopen behaupten, ihre Götter seien stumpfnasig und schwarz, die Thraker, blauäugig und rothaarig. (Frg. 16, Diels-Kranz, Übers.).

Den Abschluss der Fragmente des Xenophanes soll hier dasjenige bilden, welches ihn als Wegbereiter eines gewissen Monotheismus gelten lässt (Frg. 23):

εἷς θεός, ἔν τε θεοῖσι καὶ ἀνθρώποισι μέγιστος,
οὔτι δέμας θνητοῖσιν ὁμοίιος οὐδὲ νόημα.

εἷς, μία, ἕν	einer, eine, eine (vgl. Heno-theismus)
ἐν	+ *Dat.* in, bei, unter
μέγιστος (Sup. zu μέγας)	der, die, das größte
οὔτι (Adv., Neutr. zu οὔτις)[48]	gar nicht, keineswegs
δέμας n. (nur Nom. und Akk.)	Körperbau, Gestalt
θνητός 3	sterblich
ὁμοίιος = ὁμοῖος 3	gleich, ähnlich (vgl. Homöo-pathie)
νόημα, ατος n. (νοεῖν)	Gedanke, Denken (vgl. Noem, Noema)

---

[48] οὔ-τις, οὔ-τι „keiner, niemand", vgl. *Od.* 9, 366, wo sich Odysseus Polyphem gegenüber als Οὖτις „Niemand" bezeichnet.

Die Formen δέμας und νόημα sind in diesem Fragment jeweils als Akkusativ aufzufassen, genauer gesagt als

accusativus respectus „Akkusativ der Beziehung"	G

Er drückt auf die Frage „In welcher Hinsicht?" eine Beziehung oder Beschränkung aus (als *accusativus Graecus* erscheint der Akkusativ der Beziehung im Lateinischen besonders bei Dichtern). Bei der Übersetzung eines solchens Akkusativs stellt man gerne ein „an" vor das betreffende Wort, wie im Fall des Xenophanes-Fragments: „weder gleich *an* Gestalt noch *an* Gedanken."

5. Anaxagoras

Anaxagoras aus Klazomenai (um 499–428 v. Chr.) ist derjenige Denker vor Sokrates, der häufig als letzter in den Aufzählungen der Vorsokratiker genannt wird. Georg Wilhelm Friedrich Hegel betitelt in seinen *Vorlesungen über die Geschichte der Philosophie* das seinen Ausführungen über Platon vorhergehende Kapitel „Von Thales bis Anaxagoras". Für Hegel liegt der Grund dafür, jenes Kapitel mit Anaxagoras abzuschließen, nicht so sehr in der äußeren Chronologie, als eher darin, dass Anaxagoras' Leitbegriff der νοῦς ist.
Anaxagoras bietet sich als Übergang zu Sokrates aus zwei Gründen an: Zum einen musste Anaxagoras dieselbe Anklage wie Sokrates entgegennehmen, und zum anderen lässt Platon seinen Sokrates an einer noch näher zu betrachtenden Stelle seine Ideen-Hypothese im Ausgang von Anaxagoras referieren.
Hier wird lediglich eines der kürzesten Fragmente des Anaxagoras wiedergegeben, das auf sein Konzept der Homoiomerien hindeutet (Frg. 11):

ἐν παντὶ παντὸς μοῖρα ἔνεστι πλὴν νοῦ, ἔστιν οἷσι δὲ καὶ νοῦς ἔνι.

μοῖρα, ας f.	Teil, Anteil, Los, Geschick
ἔνειμι	enthalten sein, innewohnen; möglich sein
πλήν + Gen.	außer
ἔνι	= ἔνεστι

Das Wort μοῖρα erscheint hier in seiner Grundbedeutung „Teil", „Anteil" und verweist in Verbindung mit πᾶς auf die Lehre von den sog. „Homoiomerien" (ὁμοῖος; μέρος, ους n. „Teil"). Anaxagoras postulierte eine Fülle verschiedener, quantitativ unendlicher Grundstoffe. Die durch Rotation bewerkstelligte Vermischung dieser Stoffe gehe vom allwissenden νοῦς aus. Nicht zuletzt aufgrund dieser Lehre musste sich der schon betagte Anaxagoras, der in Athen eine enge Freundschaft zu Perikles unterhielt, im Jahr 431 v. Chr. einer Anklage wegen ἀσέβεια („Gottlosigkeit") stellen, der er sich entzog, indem er Athen verließ. Gegen Sokrates wurde etwas mehr als 30 Jahre später dieselbe Anklage erhoben.

Übungen – Teil 1

1. Handelt es sich bei den folgenden Wörtern um Verben oder Nomen?

ἐστίν, μοῖρα, ἀξύνετοι, δέμας, ἔδειξε, πίνειν, δούλους, κείμεθα, ἐμβαίνομεν

2. Um welchen Fall und welche Zahl handelt es sich bei den folgenden Nominalformen?

θεός, παντός, ποταμοῖς, ψυχῆς, λόγον, ἐλευθέρων, ἀρχήν, ἄνθρωπε, ὁδοῦ

3. Wie lautet die jeweils entsprechende Form der angegebenen Wörter?

(o-Deklination)
Nom. Pl. zu πόλεμος   Nom./Akk. Pl. zu δῶρον
Dat. Sg. zu χρόνος   Akk. Pl. zu ψόγος

(a-Deklination)
Akk. Pl. zu ἀδικία   Dat. Sg. zu φθορά
Gen. Pl. zu ἀρχή   Dat. Pl. zu πᾶσα

(3. Deklination, konsonantische und ι-Stämme)
Gen. Sg. zu τίσις   Dat. Sg. zu γένεσις
Akk. Sg. zu τάξις   Nom. Pl. zu ὤν

4. Was ist die Person, Zahl, Diathese und das „Tempus" folgender Indikativformen?

γίγνονται, ἐμβαίνομεν, ἐποίησε, ἔχει, ἐπιπορεύεται, χωρεῖς, ἀγγέλλουσι

5. Wie lautet die jeweils entsprechende Indikativform der angegebenen Verben?

(Verba auf -ω, Präsens)
2. Ps. Sg. med. zu πείθομαι   3. Ps. Pl. med.-pass. zu εὑρίσκω
2. Ps. Pl. akt. zu λέγω   1. Ps. Pl. med. zu γίγνομαι

(„schwacher" Aorist)
3. Ps. Sg. akt. zu παιδεύω   1. Ps. Sg. akt. zu ποιέω

II. Sokrates – Platon

Vorbemerkungen

a) Quellen zu Leben und Wirken des Sokrates

An hauptsächlichen Quellen zum Leben und Wirken des Sokrates (um 469–399 v. Chr.) sind folgende zu nennen:
die Komödie Νεφέλαι („Wolken") des Aristophanes (Ἀριστοφάνης), aufgeführt im Jahr 423 v. Chr., in denen ein gewisser Sokrates als Protagonist einer neuen, schädlichen Art der Jugenderziehung dargestellt wird;
die Werke des Platon (Πλάτων; 427–347), in denen fast durchwegs Sokrates auftritt;
des Weiteren manche Werke des Xenophon (Ξενοφῶν; etwa 425–355), z. B. die Ἀπομνημονεύματα Σωκράτους, die „Denkwürdigkeiten des Sokrates";[49]
zuletzt das Werk des Diogenes Laertius (Διογένης Λαέρτιος; wohl Ende 3. Jh. n. Chr.), welcher Βίοι καὶ γνῶμαι τῶν ἐν φιλοσοφίᾳ εὐδοκιμησάντων („Leben und Lehren [der in der Philosophie Angesehenen] berühmter Philosophen") verfasste.

b) Zitierweise, Hilfsmittel

Zitate aus Platons Werken haben üblicherweise folgende Form: An die Titelangabe des betreffenden Werks (das wahlweise mit dem griechischen Namen oder mit der lateinischen oder deutschen Übersetzung genannt wird, z. B. *Politeia* oder *Der Staat* oder *De re publica*) wird eine Zahl sowie ein Buchstabe hinzugefügt, z. B. „*Politeia* 514a".[50] Diese Zahlen und Buchstaben beziehen

---

[49] Vgl. den Titel von Johann Georg Hamanns Werk *Sokratische Denkwürdigkeiten* (Amsterdam 1759).

[50] Abgekürzt z. B.: „Pol. 514a". Doch werden meist, wenn Werke antiker griechischer Autoren mit Abkürzungen zitiert werden, die lateinischen Titel herangezogen, in diesem Fall z. B. „R." oder „rep." (für *De re publica*). Dies macht das Auffinden eines Zitates mitunter problematisch. So gilt es etwa zu beachten, dass „Pl., conv." für Platons *Symposium* (lat. *Convivium*) steht. Ein gängiges Abkürzungssystem ist dasjenige des sog. „Liddell-Scott" (Greek-English

sich auf die Platon-Edition von Henri Estienne (od. Étienne; latinisiert Henricus Stephanus, Genf 1578) und geben deren Seiten- und Abschnittszahlen wieder, die in den meisten neueren Textausgaben und Übersetzungen ausgewiesen sind. Dabei ist zu beachten, dass die Stephanus-Ausgabe dreibändig ist, und dass jeder Band eigens paginiert ist, weshalb die bloße Angabe der Seitenzahl (z. B. 514a) keine eindeutige Bestimmung einer Platonstelle darstellt (im Unterschied zu Zitaten aus den Werken des Aristoteles nach der Bekker-Ausgabe).

Die wissenschaftliche Standard-Textausgabe wurde von John Burnet besorgt und bei der Oxford University Press verlegt („Oxford-Ausgabe"; erste Auflage 1900–1907).[51] Wenn die Angabe einer Platonstelle durch eine Zahl hinter dem Buchstaben, welcher auf den Abschnitt in der Stephanus-Ausgabe hinweist, spezifiziert wird (z. B. *Politeia* 515a4), so bezieht sich diese Zahl auf die entsprechende Zeile in der Burnet-Ausgabe.

Daneben ist v. a. die Ausgabe von Friedrich Hermann, welche beim Teubner-Verlag in Leipzig erschienen ist („Teubner-Ausgabe")[52], von Interesse, weil sie zusätzlich zur Ausgabe von Burnet im sechsten Band die „Appendix Platonica" enthält, welche einige spätantike Einführungsschriften und Kommentare zu Platon umfasst, z. B. die Εἰσαγωγή („Einführung") des Albinos.[53]

α) Übersetzungen

Die im deutschsprachigen Raum wohl bekanntesten Übersetzungen der Dialoge Platons stammen von Friedrich Schleiermacher. Für sich genommen sind sie, stammen sie doch aus dem ersten Viertel des 19. Jahrhunderts, schon aufgrund ihres antiquierten Sprachzustandes stellenweise schwer verständlich, und ihr Sinn erschließt sich manchmal erst, wenn man den griechischen Text zu

---

Lexicon [44], XVI–XXXVIII); vgl. „5. Abkürzungen griechischer Autorennamen und Werktitel" in: Der Kleine Pauly 1 [64], XXI–XXIV und „3. Antike Autoren und Werktitel" in: Der neue Pauly 1 (1996) [65], XXXIX–XLVII.

[51] Bei diesem Verlag ist eine Neuausgabe der Werke Platons im Erscheinen begriffen, die von einem Konsortium mehrerer Gelehrter erstellt wird; vgl. Bd. 1: Platonis opera recognoverunt brevique adnotatione critica instruxerunt E. A. Duke et all., tomus I tetralogias I–II continens, Oxonii 1995.

[52] Platonis dialogi secundum Thrasylli tetralogias dispositi. Ex recognitione C. F. Hermannii, 6 Bde., Leipzig 1851–1853.

[53] Vgl. B. Reis, Der Platoniker Albinos und sein sogenannter Prologos. Prolegomena, Überlieferungsgeschichte, kritische Edition und Übersetzung, Wiesbaden 1999.

Rate zieht. Jedoch sind sie für denjenigen, der Platon im Original lesen will, eine wichtige Stütze, da sie meist eng am griechischen Text bleiben. Sie wurden durch Übersetzungen anderer Gelehrter ergänzt und werden immer wieder in verschiedenen Überarbeitungen aufgelegt.[54]

Im 20. Jahrhundert unternahm Otto Apelt auf Bitte des Verlages Felix Meiner eine Gesamtübersetzung des platonischen Œuvres, wo seine Übertragungen – ebenfalls durch diejenigen anderer Übersetzer ergänzt – wiederholt nachgedruckt wurden.[55]

Darüber hinaus sind die Übersetzungen von Rudolf Rufener[56] sowie die Ausgaben einzelner Dialoge im Reclam-Verlag zu nennen, die teilweise die Schleiermacher-Übersetzung wiedergeben, für die aber teilweise auch eigene Übertragungen angefertigt wurden.

Im Entstehen befindlich ist eine von Ernst Heitsch und Carl Werner Müller edierte Gesamtausgabe der Werke Platons, die neben einer Übersetzung ausführliche Kommentare bietet.[57]

β) Wörterbücher

Ein großer Unterschied zwischen der Beschäftigung mit antiken Autoren und derjenigen mit der Mehrzahl moderner besteht darin, dass sich die Texte ersterer durch eine Fülle an Hilfsmitteln genau untersuchen lassen. Was Platon betrifft, so verfügen wir über zahlreiche Kommentare,[58] darüber hinaus über spezielle Stellenindices und Wörterbücher. Es soll hier nur ein Werk, das Epoche gemacht hat und das zur Ermittlung, wo bestimmte philosophische Termini bei Platon zu finden sind, sehr nützlich ist, genannt werden, nämlich das Wörterbuch von Friedrich Ast.[59]

---

[54] Vgl. Platon, Sämtliche Werke in zehn Bänden [8].
[55] Vgl. Platon. Sämtliche Dialoge. In Verbindung mit K. Hildebrandt, C. Ritter und G. Schneider hrsg. und mit Einleitungen, Literaturübersichten, Anmerkungen und Registern versehen von O. Apelt, unveränderter Nachdruck, 7 Bde., Hamburg 2004.
[56] Vgl. Platon, Jubiläumsausgabe sämtlicher Werke zum 2400. Geburtstag. Eingeleitet von O. Gigon, übertragen von R. Rufener, 8 Bde., Zürich-München 1974.
[57] S. Lit.verz. Nr. 9.
[58] Vgl. die Literaturübersicht bei Erler, Platon [12], 229–231. Eine detaillierte Literaturrecherche ermöglichen (wie für alle antiken Autoren) die Bände der *Année philologique* (Paris 1928 ff.), die – nach antiken Autoren geordnet – jahresweise die einschlägigen Zeitschriftenartikel und Monographien verzeichnet (vgl. Lit.verz. Nr. 74).
[59] F. Ast, Lexicon Platonicum sive vocum Platonicarum index. 3 Bde., Leipzig 1835–38.

Zu den Papiermedien gesellen sich im Computerzeitalter die digitalen Textausgaben, welche die Wörter- und Stellensuche vereinfachen.[60]

c) Die Tetralogieneinteilung der Dialoge

Nähert man sich den Texten Platons, so findet man sie in den meisten wissenschaftlichen Textausgaben in derjenigen Reihenfolge angeordnet, welche der sog. „Tetralogieneinteilung" folgt. Diese wurde einem gewissen Thrasyllos, einem Philosophen am Hof Kaiser Tiberius', zugeschrieben, was z. B. aus dem vollständigen Titel der oben zitierten Ausgabe von Friedrich Hermann ersichtlich ist (o. Anm. 52). Jedoch geht diese Einteilung wohl schon auf das dritte vorchristliche Jahrhundert zurück.[61] Der Ausdruck „Tetralogie" (τετραλογία) bezeichnet eine Vierergruppe und findet vornehmlich in der Literaturgeschichte im Zusammenhang mit dem dichterischen Wirken der Autoren unmittelbar vor Platon Verwendung. Im Athen des fünften vorchristlichen Jahrhunderts wurden Tragödien in der Weise aufgeführt, dass drei Dichter jeweils an einem Tag drei Tragödien und ein Satyrspiel zur Aufführung brachten, was eine Vierzahl ergab. Mit dem Ende des Peloponnesischen Krieges am Ausgang des fünften Jahrhunderts fällt das Versiegen der Tragödienproduktion und der Beginn der literarischen Tätigkeit Platons zusammen, weshalb man manchmal davon spricht, dass die Dialoge Platons die Fortsetzung dieser Literaturgattung darstellten.

---

[60] Vgl. u. a. Platon im Kontext PLUS. Griechisch deutsche Parallelausgabe. Mit allen Übersetzungen und Einleitungen F. Schleiermachers, ergänzt um Übersetzungen von F. Susemihl, H. Müller u. a., Darmstadt 2001.

[61] Einen Überblick über die Forschung zum Alter und der Genese dieser Anordnung bietet Görgemanns, Platon [10], 37–40; vgl. auch Erler, Platon [12], 27–36 (der eine knappe Inhaltsangabe der platonischen Werke bietet); A. Dunshirn, In welcher Reihenfolge die Dialoge Platons lesen?, Gymnasium 115 (2008), 103–122.

Übersicht über die Werke Platons in ihrer Tetralogieneinteilung:[62]

I. Εὐθύφρων (Euthyphron: Euthphr.)
    περὶ ὁσίου (über das Fromme), πειραστικός (prüfend)
    Ἀπολογία Σωκράτους (Apologia Sokratous: Ap.)
    Κρίτων (Kriton: Cri.)
    περὶ πρακτέου (über das, was man tun soll), ἠθικός (ethisch)
    Φαίδων (Phaidon: Phd.)
    περὶ ψυχῆς (über die Seele), ἠθικός (ethisch)

II. Κρατύλος (Kratylos: Cra.)
    περὶ ὀρθότητος ὀνομάτων (über die Richtigkeit der Namen), λογικός (logisch)
    Θεαίτητος (Theaitetos: Tht.)
    περὶ ἐπιστήμης (über das Wissen), πειραστικός (prüfend)
    Σοφιστής (Sophistes: Sph.)
    περὶ τοῦ ὄντος (über das Seiende), λογικός (logisch)
    Πολιτικός (Politikos: Plt.)
    περὶ βασιλείας (über die Königsherrschaft), λογικός (logisch)

III. Παρμενίδης (Parmenides: Prm.)
    περὶ ἰδεῶν (über die Ideen), λογικός (logisch)
    Φίληβος (Philebos: Phlb.)
    περὶ ἡδονῆς (über die Lust), ἠθικός (ethisch)
    Συμπόσιον (Symposion: Smp.)
    περὶ ἀγαθοῦ (über das Gute), ἠθικός (ethisch)
    Φαῖδρος (Phaidros: Phdr.)
    περὶ ἔρωτος (über die Liebe), ἠθικός (ethisch)

IV. *Ἀλκιβιάδης (Alkibiades: Alc. 1)
    περὶ ἀνθρώπου φύσεως (über die Natur des Menschen), μαιευτικός (maieutisch)
    [Ἀλκιβιάδης δεύτερος (Zweiter Alkibiades: Alc. 2)
    περὶ προσευχῆς (über das Gebet), μαιευτικός (maieutisch)]
    [Ἵππαρχος (Hipparchos: Hipparch.)
    φιλοκερδής (der Gewinnsüchtige), ἠθικός (ethisch)]

---

[62] Die angegebenen Abkürzungen sind diejenigen, welche im „Liddell-Scott" verwendet werden (s. o. Anm. 50).

[Ἀντερασταί (Anterastai: Amat.)
    περὶ φιλοσοφίας (über die Philosophie), ἠθικός (ethisch)]

V. [Θεάγης (Theages: Thg.)
        περὶ φιλοσοφίας (über die Philosophie), μαιευτικός (maieutisch)]
    Χαρμίδης (Charmides: Chrm.)
        περὶ σωφροσύνης (über die Besonnenheit),
        πειραστικός (prüfend)
    Λάχης (Laches: La.)
        περὶ ἀνδρείας (über die Tapferkeit), μαιευτικός (maieutisch)
    Λύσις (Lysis: Ly.)
        περὶ φιλίας (über die Freundschaft), μαιευτικός (maieutisch)

VI. Εὐθύδημος (Euthydemos: Euthd.)
        ἐριστικός (der Eristiker), ἀνατρεπτικός (widerlegend)
    Πρωταγόρας (Protagoras: Prt.)
        σοφισταί (die Sophisten), ἐνδεικτικός (nachweisend)
    Γοργίας (Gorgias: Grg.)
        περὶ ῥητορικῆς (über die Rhetorik), ἀνατρεπτικός (widerlegend)
    Μένων (Menon: Men.)
        περὶ ἀρετῆς (über die Tugend), πειραστικός (prüfend)

VII. * Ἱππίας μείζων (Größerer Hippias: Hp.Ma.)
        περὶ τοῦ καλοῦ (über das Schöne), ἀνατρεπτικός (widerlegend)
    * Ἱππίας ἐλάττων (Kleinerer Hippias: Hp.Mi.)
        περὶ τοῦ ψεύδους (über die Lüge), ἀνατρεπτικός (widerlegend)
    Ἴων (Ion)
        περὶ Ἰλιάδος (über die Ilias), πειραστικός (prüfend)
    Μενέξενος (Menexenos: Mx.)
        ἐπιτάφιος (Grabrede), ἠθικός (ethisch)

VIII. [Κλειτοφῶν (Kleitophon: Clit.)
        προτρεπτικός (Protreptikos), ἠθικός (ethisch)]
    Πολιτεία (Politeia: rep.)
        περὶ δικαίου (über das Gerechte), πολιτικός (politisch)
    Τίμαιος (Timaios: Ti.)
        περὶ φύσεως (über die Natur), φυσικός (naturphilosophisch)
    Κριτίας (Kritias: Criti.)

59

    Ἀτλαντικός (Atlantikos), ἠθικός (ethisch)

IX. [Μίνως (Minos: Min.)
   περὶ νόμου (über das Gesetz), πολιτικός (politisch)]
 Νόμοι (Nomoi: Lg.)
   περὶ νομοθεσίας (über Gesetzgebung), πολιτικός (politisch)
 [Ἐπινομίς (Epinomis: Epin.)
   νυκτερινὸς σύλλογος (nächtliche Ratsversammlung), φιλόσοφος (Philosoph)]
 Ἐπιστολαί (Briefe: Ep.), ἠθικαί (ethisch)
   (teilweise in ihrer Echtheit umstritten)

          * in seiner Echtheit umstritten
          [] unecht

Man trifft in dieser Liste sowohl Werke an, die von der heutigen Platonforschung als tatsächlich von Platon stammend anerkannt werden, wie auch solche, die für unecht gelten, und man findet (dem vermutlichen Abfassungsdatum nach) ältere neben jüngeren Dialogen. Den Titeln sind Untertitel, die das Hauptthema des Dialogs nennen, sowie ein Adjektiv beigegeben, das anzeigen soll, in welches Teilgebiet der Philosophie der Dialog zu stellen ist. Diese Übersicht ermöglicht eine erste Vorinformation über die verschiedenen Themen und Bereiche von Platons Philosophieren. Um eine Erklärung für gerade diese Art der Anordnung zu erhalten, kann man an ihre pädagogisch-didaktische Funktion denken: Ab einem gewissen Zeitpunkt wurden eventuell in der Akademie Platons, die bis ins Jahr 529 n. Chr. bestand, seine Werke von den Schülern, die sich mitunter jahrzehntelang ihren Studien widmeten, in einer festgelegten Reihenfolge immer wieder durchgegangen. Bei jedem erneuten Durchgang konnte der Text in einer anderen, nach Möglichkeit tieferen Weise durchdacht werden.[63]

Die ersten beiden Tetralogien können folgendermaßen charakterisiert werden: Die erste schildert das Ende des Lebens des Sokrates und die zweite stellt eine Einführung in die Wissenschaftstheorie dar.

---

[63] Überlegungen zum antiken Rezipientenkreis Platons bietet u. a. S. Usener, Isokrates, Platon und ihr Publikum. Hörer und Leser von Literatur im 4. Jahrhundert v. Chr., Tübingen 1994; vgl. auch J. Dalfen, Wie, von wem und warum wollte Platon gelesen werden? Eine Nachlese zu Platons Philosophiebegriff, Grazer Beiträge 22 (1998), 29–79.

1. Die erste Tetralogie

In dieser Tetralogie wird das erzählt, was für eine breitere Öffentlichkeit das vielleicht Interessanteste (und bis heute Bekannteste) in Hinblick auf den merkbar-denkwürdigen Menschen Sokrates ist, nämlich sein Prozess und Tod.[64]

Der erste der Dialoge, der *Euthyphron*, informiert den Leser am Beginn darüber, dass Sokrates am Weg zum für Vergehen gegen die Staatsreligion zuständigen Beamten ist und die gegen ihn erhobene Anklage entgegennehmen soll.

Die *Apologie* gibt sich als Verteidigungsrede des Sokrates sowie als sein Plädoyer für ein bestimmtes Strafausmaß.

Mit dem *Kriton* befindet man sich bereits im athenischen Staatsgefängnis: Ein Freund will Sokrates überreden, die Flucht zu ergreifen, Sokrates verwickelt ihn daraufhin in eine Diskussion über die Gesetze ihrer Heimatstadt.

Der *Phaidon* schließlich stellt einen Bericht über den letzten Tag des Sokrates dar: Schon frühmorgens besuchen zahlreiche Freunde Sokrates, der mit ihnen ein langes Gespräch über die Unsterblichkeit der Seele führt; der Dialog endet mit dem Tod des Sokrates.

Exkurs: Die sogenannte „Rahmenhandlung" der Dialoge

Soweit eine äußerliche Beschreibung der Dialoge – an dieser Stelle soll ausdrücklich darauf hingewiesen werden, dass die „äußere" Handlung der Dialoge, die man gerne als „Rahmenhandlung" bezeichnet, bei der Auseinandersetzung mit den Dialogen nicht vernachlässigt werden sollte, sofern es gilt, dem auf die Spur zu kommen, was durch einen Dialog ausgesagt werden soll.[65]

Manche Dialoge, wie der *Euthyphron*, setzen direkt wie ein Theaterstück mit dem Dialog ein, andere sind vielfach „verschachtelt" und geben sich als die Erzählung oder sogar als das Referat der Erzählung eines bestimmten Gewährsmannes.

---

[64] Eine Interpretation der Dialoge dieser Tetralogie bietet R. Guardini, Der Tod des Sokrates, Mainz ⁷2001.
[65] Besonderes Augenmerk wird auf die Rahmenhandlungen der Werke Platons seit den einflussreichen „Einleitungen" zu den Dialogen Platons von Friedrich Schleiermacher gelegt, vgl. Lit.verz. Nr. 11.

Ein Paradebeispiel für eine komplizierte Rahmenerzählung ist das *Symposion*, das „Gastmahl", das vielleicht am kunstvollsten gestaltete Werk Platons. Der Erzähler Apollodoros berichtet an dessen Anfang seinen Zuhörern, dass ihn kurz zuvor ein Bekannter gefragt habe, ob er nicht bei dem legendären Gastmahl gewesen sei. Er habe ihm auf diese Frage erwidert, dass es schon in seiner Kindheit stattgefunden und er selbst darüber über die Vermittlung eines gewissen Aristodemos erfahren hätte.

Das *Symposion* kann auch als Beispiel dafür dienen, dass in den Dialogen nicht nur auf propositionaler Ebene Aussagen getroffen werden, sondern auch auf der Handlungsebene das in den Gesprächen Ausgesagte bewiesen wird.

Gegen Ende des *Symposions* betritt der stark betrunkene Alkibiades die Szene (212d). Davor hielten sechs Personen je eine Rede auf den Eros, wobei Sokrates mit einem Referat seiner Gespräche mit Diotima den Abschluss machte. Alkibiades, der naturgemäß von dem Inhalt dieser Reden nichts wissen kann, setzt zu einem Lob des Sokrates an. Im Laufe seines Berichts erzählt er Episoden aus dem Leben des Sokrates, die diesen (ohne dass Alkibiades es weiß) als dem von Sokrates/Diotima geschilderten Eros sehr ähnlich zeigen.

Ebenso erweist Alkibiades die davor gehaltenen Reden als partiell richtig. Wenn der erste Redner Phaidros den Eros als großen Gott preist, der bewirke, dass sich ein Jüngling im Kampf für seinen älteren Liebhaber einsetze (179a), fügt sich, wenn auch unter Umdrehung des Verhältnisses, dazu als Beweis Alkibiades' Erzählung darüber, wie Sokrates in einer Schlacht ihm selbst das Leben rettete (220d–e). Alkibiades' Erzählung, Sokrates sei noch niemals betrunken gesehen worden, obwohl er, wenn er gezwungen werde, alle im Trinken übertreffe, korrespondiert die Rede des Arztes Eryximachos, der den Eros als allgemeines Naturprinzip darstellt, welches die richtige Mischung bezeichne und somit Urgrund der Gesundheit sei. Die Heilkunst ist Eryximachos' Definition zufolge die „Kenntnis der Begierden des Leibes in Bezug auf Anfüllung und Ausleerung" (186c). Wenn Sokrates von Alkibiades als einer, der nie betrunken ist und sämtliche Strapazen des Feldlagers ertragen kann, geschildert wird, zeigt ihn das als einen, der sich auf die Heilkunst versteht und demnach auch in dieser Hinsicht ein vollkommener Repräsentant des Eros ist.

Was die Rahmenhandlung der *Politeia* betrifft, so vereinfachen Philosophiegeschichten ihren Inhalt nicht selten dahingehend, dass sie sagen, sie sei eine Staatstheorie oder -utopie. Versucht man, das Dialogganze im Auge zu behalten, so sieht man zunächst, dass Sokrates in der *Politeia* in dem einleitenden Gespräch mit dem sehr alten Kephalos ursprünglich von der Frage ausgeht, was für den einzelnen Menschen δικαιοσύνη, Gerechtigkeit, bedeute (331c).

Am Anfang des zweiten Buches fordert Sokrates seine Gesprächspartner auf, die δικαιοσύνη, die im Kleinen schwer gesehen werden könne, im Großen zu betrachten, nämlich im Gemeinwesen (368e–369a). Aber auch nach diesem Richtungswechsel des Gesprächs werden keine direkten Anweisungen zur Errichtung eines Staats erteilt, sondern alles unter der Prämisse erläutert: „Wenn wir ein Gemeinwesen einrichteten, würden wir …"

In diesem Kontext findet sich der denkwürdige Vergleich der Vorgangsweise der Unterredner mit dem Betrachten verschiedener Buchstaben. Sokrates macht seine Gesprächspartner darauf aufmerksam, dass sie sehr scharfsichtig sein müssten, wollten sie Gerechtigkeit und Ungerechtigkeit in Bezug auf eine einzelne Person erkennen. Er gibt Folgendes zu bedenken: „Da wir nun dazu nicht tüchtig genug sind, dünkt es mich gut, sprach ich, die Untersuchung darüber so anzustellen, wie wenn uns jemand befohlen hätte, sehr kleine Buchstaben von weitem zu lesen, da wir nicht eben sehr scharf sehen, und dann einer gewahr würde, daß dieselben Buchstaben auch anderwärts größer und an Größerem zu schauen wären, es uns offenbar, denke ich, ein großer Fund sein würde, nachdem wir diese zuerst gelesen haben, dann erst die kleineren zu betrachten, ob sie wirklich dieselben sind." (368d, F. Schleiermacher, Übers.).

a) *Euthyphron*

Sucht man gemäß der Stephanus-Zählung den Anfang der Werke Platons auf, liest man die nachstehend angegebenen Zeilen, den Beginn des ersten Dialogs der antiken Tetralogieneinteilung. Was das Lesen in der Antike betrifft, so nimmt man an, dass lange Zeit hindurch ausschließlich laut gelesen wurde; das griechische Wort für Lesen lautet ἀνα-γιγνώσκειν, das so viel wie „wieder erkennen" bedeutet. Gerade in Bezug auf die Werke Platons, der für das Konzept der ἀνά-μνησις („Wiedererinnerung") bekannt ist, kann dementsprechend beim Lesen bedacht werden, inwiefern dadurch der Dia-Logos des Sokrates mit seinen Gesprächspartnern „wieder erkannt" wird.[66]

---

[66] Eine Erläuterung des Begriffes ἀναγιγνώσκω bietet D. J. Allan, ΑΝΑΓΙΓΝΩΣΚΩ and Some Cognate Words, Classical Quarterly 30 (1980), 244–251. Zu den stimmlichen Implikationen des Wortes ἀναγιγνώσκειν vgl. J. Svenbro, Phrasikleia. Anthropologie des Lesens im alten Griechenland. Aus dem Französischen von P. Geble, München 2005, v. a. 150–51.
Mit dem Wort ἀναγιγνώσκειν operiert das Wortspiel in der Apostelgeschichte, wo Philippos einem Eunuchen der Kandake, der den Propheten Jesaia liest, die Frage stellt: ἆρα γε γινώσκεις

Der Anfang des Dialogs *Euthyphron* lautet (2a):

Εὐθύφρων· Τί νεώτερον, ὦ Σώκρατες, γέγονεν, ὅτι σὺ τὰς ἐν Λυκείῳ καταλιπὼν διατριβὰς ἐνθάδε νῦν διατρίβεις περὶ τὴν τοῦ βασιλέως στοάν; οὐ γάρ που καὶ σοί γε δίκη τις οὖσα τυγχάνει πρὸς τὸν βασιλέα ὥσπερ ἐμοί.
Σωκράτης· Οὔτοι δὴ Ἀθηναῖοί γε, ὦ Εὐθύφρων, δίκην αὐτὴν καλοῦσιν ἀλλὰ γραφήν.

τίς, τί	wer, was
νεώτερον	*Komparativ Nom. (Akk.) Sg. n. zu*
νέος 3	jung, neu, ungewöhnlich (vgl. Neologismus, Neoteriker)
γέγονεν	*Perf. 3. Ps. Sg. zu* γίγνομαι
σύ	du
καταλιπών	*Aor. Part. m. Sg. Nom. zu*
κατα-λείπω	zurücklassen, verlassen
διατριβή, ῆς f. (διατρίβω)	Zeitvertreib, Beschäftigung; Ort des Zeitvertreibs
ἐνθάδε	hier
νῦν	jetzt, nun
δια-τρίβω	zerreiben; seine Zeit hinbringen
περί	+ *Akk.* um ... herum, in der Nähe von; in Betreff, in Hinsicht auf (vgl. Peripherie)
βασιλέως	*Gen. Sg. zu* βασιλεύς (*gemeint ist hier der Archon Basileus*)
στοά, ᾶς f.	Säulenhalle
που	irgendwo; irgendwie, wohl
σοί	*Dat. zu* σύ
γε	freilich, irgendwie
τις, τι	irgendeiner, irgendeine, irgendetwas
τυγχάνω	treffen, antreffen; sich treffen: sich zufällig ereignen; + *Part.* zufällig, gerade etwas tun

---

ἆ ἀναγινώσκεις; – „Erkennst du, was du wieder-erkennst? (Verstehst du, was du liest?)" (*Apg.* 8, 30).

πρός	+ *Akk.* gegen, im Verhältnis zu, in Hinsicht auf
βασιλέα	*Akk. Sg. zu* βασιλεύς
ὥσπερ	(genau) wie
ἐμοί	*Dat. zu*
ἐγώ	ich
οὔτοι	gewiss nicht
Ἀθηναῖος 3	athenisch; Athener
δή	nunmehr, jetzt; offenbar, bekanntlich
καλέω	rufen, nennen
ἀλλά	aber, sondern
γραφή, ῆς f. (γράφω)	Schrift, *h.*: Staatsklage

Sokrates wird mit der Frage, was so Unerhörtes geschehen sei, dass er seinen gewohnten Aufenthaltsort verlassen habe, gleichsam auf die Bühne der platonischen Philosophie gerufen und mit Namen genannt.[67] Das erste gesprochene Wort ist ein Fragepronomen.

Fragepronomen τίς, τί G

Dieses Fragepronomen ist immer mit einem Akut versehen und dadurch meist von dem enklitischen Indefinitpronomen τις, τι zu unterscheiden (s. jedoch u. 69).

Euthyphron erkundigt sich nach einem νεώτερον. Diese Form stellt die erste der Steigerungsstufen dar.

Steigerungsstufen G

Der Komparativ wird mit der Endung -τερος 3 oder -ίων (m., f.), -ιον,
der Superlativ mit der Endung -τατος 3 oder -ιστος 3 gebildet.

Das Wort νέος hat wie lat. *novus* oft die Bedeutung „unerhört": Sokrates' gewöhnliches Verhalten wird durch die an ihn gerichtete Frage indirekt dahinge-

---

[67] Dass sich die Sprecher der Dialoge oft mit Namen ansprechen, wird – ebenso wie für die antiken Theaterstücke – mitunter dahingehend erklärt, dass die antiken Handschriften zumeist keine Sprecherbezeichnungen aufweisen.

hend charakterisiert, dass etwas Außergewöhnliches geschehen muss, sodass Sokrates seinen ihm angestammten Aufenthaltsort verlässt.
Die Form γέγονεν gehört zum

Perfekt

Wie beim Aorist unterscheidet man auch beim Perfekt eine „schwache" und eine „starke" Bildung. Letztere verwendet kein Tempuszeichen, erstere ein -κ- (vgl. die Form ηὕρηκα, s. o. 40); beide Perfektbildungen zeichnen sich durch die „Reduplikation" aus, die Verdoppelung des Anlauts.[68] Die Formen des Indikativs Perfekt aktiv lauten:

Sg. 1. γέγονα   Pl. 1. γεγόναμεν
    2. γέγονας   2. γεγόνατε
    3. γέγονε(ν)   3. γεγόνασι(ν)

Infinitiv   γεγονέναι

Partizip m. γεγονώς, ότος
          f. γεγονυῖα, υίας
          n. γεγονός, ότος

Das Lykeion, damals ein Gymnasion (Übungsgelände), war (wie alle öffentlichen Plätze Athens) ein bevorzugter Aufenthaltsort des Sokrates. Dieses Gelände nutzte später Aristoteles für seinen Forschungsbetrieb; davon abgeleitet ist der Ausdruck Lyzeum (frz. *lycée*).
Eine στοά ist eine Säulenhalle, wie z. B. die στοὰ ποικίλη („bunte Stoa"), welche der bekannten Philosophenschule ihren Namen gab. In der στοὰ βασιλέως, dem Amtshaus des Archon Basileus, mussten die Anklagen in Vergehen gegen die Staatsreligion sowohl eingebracht als auch entgegengenommen werden. Deshalb folgt auf Sokrates' Aussage, er habe hier geschäftlich zu tun, die verwunderte Frage des Euthyphron (2b):

---

[68] Vgl. lat. *te-tigi*, *ce-cidi*, *ce-cini* etc.

Εὐθ· Τί φῄς; γραφήν σέ τις, ὡς ἔοικε, γέγραπται· οὐ γὰρ ἐκεῖνό γε καταγνώσομαι, ὡς σὺ ἕτερον.

Σω· Οὐ γὰρ οὖν.

Εὐθ· Ἀλλὰ σὲ ἄλλος;

Σω· Πάνυ γε.

Εὐθ· Τίς οὗτος;

Σω· Οὐδ' αὐτὸς πάνυ τι γιγνώσκω, ὦ Εὐθύφρων, τὸν ἄνδρα· νέος γὰρ τίς μοι φαίνεται καὶ ἀγνώς· ὀνομάζουσι μέντοι αὐτόν, ὡς ἐγᾦμαι, Μέλητον.

φῄς	2. Ps. Sg. zu
φημί	sagen
σέ	*Akk. zu* σύ
ὡς	wie
ἔοικε (Perf., aus ϜέϜοικα)[69]	es scheint
γέγραπται	*Perf. 3. Ps. Sg. med. zu*
γράφω	schreiben (vgl. Graph)
(γράφομαι med. + doppeltem Akk.	gegen jdn. eine Anklage einbringen)
καταγνώσομαι	*Futur 1. Ps. Sg. med. zu*
κατα-γιγνώσκω	merken, bemerken (*bes. etwas Nachteiliges*)
ἕτερος 3	ein anderer, anderes (vgl. hetero-sexuell)
οὖν	allerdings, also
ἄλλος 3	ein anderer; verschieden (vgl. Allotria, „fremde Dinge")
γιγνώσκω	kennen, erkennen
ἄνδρα	*Akk. Sg. zu*
ἀνήρ, ἀνδρός	Mann (vgl. andro-gyn, „mann-weiblich")
φαίνομαι	*pass.* gezeigt werden; erscheinen, scheinen (vgl. Phänomen)
ἀγνώς, ῶτος m., f.	unbekannt, unverständig
ὀνομάζω (ὄνομα)	nennen (vgl. Onomastik, „Namenkunde")

---

[69] Zu dem Buchstaben „Ϝ", welcher „Digamma" genannt wird, vgl. die Erläuterungen u. 92.

μέντοι	freilich
ἐγῷμαι	*aus* ἐγὼ οἶμαι
οἶμαι (οἴομαι)	glauben
δῆμος, ου m.	Demos (*eine Verwaltungseinheit in Attika*); Volk (vgl. Demo-kratie)
εἰ	wenn; ob

Mit φῄς stößt man auf ein weiteres Verbum auf -μι, dessen Formen in den Dialogen naturgemäß häufig anzutreffen sind. Die erste Person Präsens lautet

φημί „sagen" G

Sg. 1. φημί   Pl. 1. φαμέν
    2. φῄς (φής)   2. φατέ
    3. φησί(ν)   3. φασί(ν)

γέγραπται ist Perfekt med. 3. Ps. Sg. zu γράφω „schreiben".

Perfekt med.-pass. G

Das medio-passive Perfekt wird ebenso wie das aktive durch Reduplikation gebildet; als Endungen fungieren hier die schon aus dem Präs. med.-pass. bekannten. Endet der Stamm des betreffenden Verbs auf einen sog. „Verschlusslaut" (β,π,φ – γ,κ,χ – δ,τ,θ), so entstehen im Perf. med.-pass. eigentümliche Lautkonstellationen, wie z. B. in dem Fall der Form γέγραπται:

Sg. 1. γέγρα**μμ**αι   Pl. 1. γεγρά**μμ**εθα
    2. γέγρα**ψ**αι   2. γέγρα**φθ**ε
    3. γέγρα**π**ται   3. γεγρα**μμ**ένοι εἰσί

Als Besonderheit ist bei diesem Paradigma anzumerken, dass die 3. Ps. Pl. „synthetisch" gebildet, d. h. aus Partizip und Hilfszeitwort „zusammengesetzt" wird.

Die auf die Frage folgende Aussage des Euthyphron liefert eine weitere indirekte Charakterisierung des Sokrates: Er bringt zum Ausdruck, dass er sich nicht vorstellen kann, dass Sokrates gegen jemanden Anklage führen wird. Mit καταγνώσομαι hat man eine Form des Futurs vor sich.

Futur med. G

Das Tempuszeichen des Futurs ist das σ. Das Futur weist die primären Endungen auf. Für das *verbum simplex* des Beispielwortes καταγνώσομαι ergibt dies folgende Formen:

Sg. 1. γνώ-σ-ομαι   Pl. 1. γνω-σ-όμεθα
2. γνώ-σ-η   2. γνώ-σ-εσθε
3. γνώ-σ-εται   3. γνώ-σ-ονται

Bei τίς ist in diesem Zusammenhang zu beachten, dass auch einsilbige Enklitika wie das Indefinitpronomen τις einen Akzent tragen können, wenn ein weiteres Enklitikon folgt.

Mit der Nennung des Meletos erhält man die erste Sachinformation zum Prozess des Sokrates. Wie für Athen üblich, wird Meletos dadurch näher bestimmt, dass sein Herkunftsdemos genannt wird. Ein Demos war in Attika die Unterabteilung einer der zehn Phylen, in welche dieses Land unterteilt war. Im Anschluss an die Herkunftsangabe beschreibt Sokrates knapp das Äußere dieses Mannes, er schildert ihn als „dünnhaarig, nicht sehr bärtig und krummnasig". Dann erzählt Sokrates, was ihm Meletos vorwirft, nämlich dass er die Jugend verderbe und Götter erdichte (3a). Daraufhin erwähnt Euthyphron kurz das berühmte δαιμόνιον, von welchem Sokrates sagt, dass es ihm widerfährt, wenn er im Begriff ist, etwas Schlechtes zu tun.[70] Mehr über Sokrates' Prozess erfährt man in diesem Dialog allerdings nicht, sondern Euthyphron schildert in weiterer Folge, weswegen er den Archon Basileus aufgesucht habe. Er klagt seinen Vater wegen Mordes an. Der Vater habe einen seiner Sklaven, der einen anderen erschlagen hatte, gefesselt eingesperrt, um bei Rechtsgelehrten Erkundigung einzuholen, was mit ihm zu tun sei. Bevor er jedoch Auskunft erhalten habe, sei der Sklave verstorben. Die Schilderung dieses komplizierten Rechtsfalles ist der Auftakt für eine für Sokrates typische Untersuchung eines bestimmten Begriffes. Diese Untersuchung wird sich bis zum Ende des Dialogs

---

[70] Der Ausdruck τὸ δαιμόνιον erklärt sich als Substantivierung des Adjektivs δαιμόνιος 3 „göttlich", das seinerseits vom Substantiv δαίμων „Gott(heit), göttliche Macht" (zu δαίομαι „zuteilen") abgeleitet ist.

hinziehen und in einer sog. „Aporie" (ἀπορία), einer Ausweglosigkeit, enden.[71] Sokrates befragt Euthyphron als Experten, da dieser dem Beruf nach Priester ist, über das ὅσιον, das Fromme. Die von Euthyphron zunächst vorgebrachte Bestimmung kann Sokrates nicht zufrieden stellen, da sie eine zu konkrete Definition ist, die mehr einem Beispiel als einer Erklärung gleicht. Euthyphron gibt auf Sokrates' Frage nach dem Frommen folgende Antwort: „Ich sage eben, dass fromm das ist, was ich jetzt tue." (5d)

Im Zusammenhang mit der Frage nach der Frömmigkeit kommen die beiden Gesprächspartner, wie einleitend angemerkt, auch auf die Götter und Göttergeschichten zu sprechen. Sokrates gibt kurz zu bedenken, ob die überlieferten Geschichten von Streitereien zwischen Göttern tatsächlich wahr sein können, lässt diesen Gesprächsfaden aber wieder fallen. Sokrates schwenkt erneut auf seine Hauptfrage ein (6d–e):

Σω· Μέμνησαι οὖν ὅτι οὐ τοῦτό σοι διεκελευόμην ἕν τι ἢ δύο με διδάξαι τῶν πολλῶν ὁσίων, ἀλλ' ἐκεῖνο αὐτὸ τὸ εἶδος, ᾧ πάντα τὰ ὅσια ὅσιά ἐστιν; ἔφησθα γάρ που μιᾷ ἰδέᾳ τά τε ἀνόσια ἀνόσια εἶναι καὶ τὰ ὅσια ὅσια· ἢ οὐ μνημονεύεις;

Εὐθ· Ἔγωγε.

Σω· Ταύτην τοίνυν με αὐτὴν δίδαξον τὴν ἰδέαν τίς ποτέ ἐστιν, ἵνα εἰς ἐκείνην ἀποβλέπων καὶ χρώμενος αὐτῇ παραδείγματι, ὃ μὲν ἂν τοιοῦτον ᾖ, ὧν ἂν ἢ σὺ ἢ ἄλλος τις πράττῃ, φῶ ὅσιον εἶναι, ὃ δ' ἂν μὴ τοιοῦτον, μὴ φῶ.

μέμνησαι	*Perf. 2. Ps. Sg. zu*
μιμνήσκω, meist Dep. pass.	sich erinnern, eingedenk sein
διεκελευόμην	*Imperfekt 1. Ps. Sg. zu*
δια-κελεύομαι Dep. med.	ermuntern, zureden
ἤ	oder
δύο	zwei
διδάξαι	*Inf. Aor. akt. zu*
διδάσκω	lehren (vgl. Didaktik)
πολλοί 3	viele
ὅσιος 3	fromm

---

[71] Eine Zusammenschau der verschiedenen Deutungen dieser Aporien in der Philosophie- und Philologiegeschichte bietet M. Erler, Der Sinn der Aporien in den Dialogen Platons, Berlin-New York 1987, 4–18.

εἶδος, ους n.	Aussehen, Gestalt, Idee (vgl. Android-ide)
ἔφησθα	*Imperfekt 2. Ps. Sg. zu* φημί
ἰδέα, ας f.	Aussehen, Gestalt, „Idee"
ἀν-όσιος 2	unfromm, frevelhaft
μνημονεύω	sich erinnern
τοίνυν	also, ferner
δίδαξον	*Imperativ Aor. Sg. zu* διδάσκω
ποτε	eigentlich
ἵνα	+ *Konjunktiv* damit
ἀπο-βλέπω	hinblicken
χρώμενος	*Part. zu*
χράομαι + Dat.	etw. gebrauchen, benutzen
παράδειγμα, ατος n. (παρα-δείκνυμι)	Beispiel, Muster (vgl. Paradigma)
πράττω	tun, machen
φῶ	*Konjunktiv 1. Ps. Sg. zu* φημί
τοιοῦτος, αὐτη, οὖτο	derartig, so beschaffen
ᾖ	*Konj. 3. Ps. Sg. zu* εἰμί
πράττῃ	*Konj. Präs. 3. Ps. Sg. zu* πράττω

Diese Stelle enthält in starker Verdichtung zentrale Termini der platonischen Philosophie und kann Aufschluss über deren ursprüngliche Konzeption geben. Es kann sich deshalb lohnen, sich durch einige neue Grammatikkapitel zu arbeiten, um diese Zeilen zu entschlüsseln.

Die Verbalform διεκελευόμην ist eine Form des

Imperfekt med.-pass.	G

Dieses ist augmentiert (zum Augment s. o. 41) und wird mit den allen Nebentempora (Imperfekt, Aorist, Perfekt-Präteritum) eigentümlichen „sekundären" Endungen gebildet, welche im Medium folgendermaßen lauten:

Sg. 1. -μην   Pl. 1. -μεθα
     2. -σο   2. -σθε
     3. -το   3. -ντο

Das ergibt (unter Beachtung der Lautgesetze) für das *verbum simplex* der Form διεκελευόμην folgendes Paradigma:

    Sg. 1. ἐκελευ**όμην**   Pl. 1. ἐκελευ**όμεθα**
        2. ἐκελεύ**ου**   2. ἐκελεύ**εσθε**
        3. ἐκελεύ**ετο**   3. ἐκελεύ**οντο**

Mit διδάξαι sowie mit dem etwas später vorkommenden δίδαξον liegen erneut Formen des sog. „schwachen" Aorists vor (s. o. 42). Der Stamm des Wortes διδάσκω lautet διδαχ-. Tritt an diesen die Infinitivendung -σαι, wird der entstehende Laut „$k^h s$" graphisch durch ein ξ dargestellt.

Mit diesen Informationen kann man die erste Satzhälfte überblicken: Sokrates erinnert Euthyphron an seine Aufforderung, ihm nicht „eines oder zwei der vielen frommen Dinge" zu nennen, also nicht nur einige Beispiele, sondern αὐτὸ τὸ εἶδος.

Sowohl das Wort εἶδος als auch ἰδέα, welches im nächsten Satz vorkommt, sind mit dem Verbum ἰδεῖν „sehen", lat. *videre* sowie mit dt. „wissen" verwandt. Aus dem nächsten Absatz wird ersichtlich, dass Sokrates diese visuelle Konnotation der Wörter im Blick hat. Bevor dieser Absatz in Angriff genommen werden kann, muss noch die Form αὐτό erläutert werden.

αὐτό   G

αὐτός, αὐτή, αὐτό kann grob gesprochen dreierlei bedeuten:

    a) „derselbe" in „attributiver" Stellung (mit dem Artikel): ὁ αὐτὸς ἄνθρωπος „derselbe Mensch" bzw. ὁ ἄνθρωπος ὁ αὐτός
    b) „selbst" in „prädikativer" Stellung (außerhalb des Artikels): αὐτὸς ὁ ἄνθρωπος „der Mensch selbst" bzw. ὁ ἄνθρωπος αὐτός, und drittens
    c) kann es das Personalpronomen der dritten Person (er, sie, es) vertreten.

Im Fall der *Euthyphron*-Stelle handelt es sich um Bedeutung b, also: „das Fromme selbst". Dergleichen Formulierungen mit dem prädikativen αὐτό verweisen oft, wie sich weiter unten anhand eines Beispiels aus dem *Phaidon* zeigen wird, auf die sog. Wesensfrage.

Die Wörter ᾧ und μιᾷ ἰδέᾳ sind Formen des „instrumentalen Dativs".

Der instrumentale Dativ   G

Dieser Dativ bezeichnet als *dativus instrumenti* oder *dativus causae* wie die entsprechenden lateinischen *ablativi* ein Mittel, Werkzeug oder einen Anlass, durch die etwas geschieht.

Nach der kurzen Bestätigung Euthyphrons, dass er sich noch an die gestellte Aufgabe erinnert, erklärt Sokrates, warum er diese Idee gelehrt werden will: Er möchte „auf sie hinblickend und sie als Muster gebrauchend" über diverse Handlungen sagen können, sie seien „fromm". Hier ist also ausgesprochen, dass eine Idee etwas ist, auf das man hinblicken und an dem man sich in gewissen Aussagen orientieren kann. Das Wort παράδειγμα ist im Übrigen so wie ἰδέα ein von einem Verbum abgeleitetes Nomen, nämlich von παρα-δείκνυμι, was „dazu zeigen, als Beispiel hinstellen" heißt.[72]
In dem Relativsatz ὃ μὲν … trifft man erneut auf das schon von den Vorsokratikertexten her bekannte ἄν, die Partikel, welche eine Nichtwirklichkeit anzeigt. In diesem Fall ist sie nicht mit dem Optativ, sondern mit Formen des Konjunktivs verbunden.

Konjunktiv   G

Das Moduszeichen des Konjunktivs ist ω oder η.
Der Konjunktiv zu εἶναι lautet:

    Sg. 1. ὦ   Pl. 1. ὦμεν
         2. ᾖς   2. ἦτε
         3. ᾖ   3. ὦσιν

Als Beispiel für den Konjunktiv Präsens der Verba auf -ω diene πράττω:

    Sg. 1. πράττω   Pl. 1. πράττωμεν
         2. πράττῃς   2. πράττητε
         3. πράττῃ   3. πράττωσιν

---

[72] Zur γένεσις παραδείγματος, der „Entstehung eines Beispiels", vgl. Platon, *Politikos* 278c.

Der mit ἄν verbundene Konjunktiv wird als

coniunctivus prospectivus   G

bezeichnet. Er drückt eine Erwartung aus, die sich entweder auf ein einmaliges Ereignis oder, weswegen er häufig in philosophischen Texten anzutreffen ist, auf eine allgemeine Annahme bezieht.

Was die beiden Relativsätze ὃ μὲν ... und ὧν ἂν ... betrifft, so ist zu sagen, dass hier das jeweilige Bezugswort zum Relativpronomen im übergeordneten Satz ausgelassen wurde. Man bezeichnet dies als Ellipse (zu ἐλ-λείπω „zurückbleiben, auslassen"). Im zweiten Fall ist zusätzlich das Relativpronomen in seinem Fall an das (ausgelassene) Bezugswort angepasst („relativische Attraktion").
In der Vollform könnte man diese Sätze folgendermaßen formulieren: ἵνα ... τοῦτο, ὃ μὲν ἂν τοιοῦτον ᾖ τούτων, ἃ ἂν ἢ σὺ ἢ ἄλλος τις πράττῃ, φῶ ὅσιον εἶναι, ...
Der Konjunktiv φῶ erklärt sich aus dem ἵνα, welches einen Finalsatz einleitet und in dieser Funktion mit dem Konjunktiv verbunden wird.

b) *Apologie*

In der Tetralogieneinteilung folgt unmittelbar auf den *Euthyphron* die *Apologie*, die (fiktive) Verteidigungsrede des Sokrates. Sie war zu vielen Zeiten das bekannteste Werk Platons, da sie einen festen Platz im Griechischunterricht an den Gymnasien hatte, wenngleich sie kein typischer Dialog, sondern (großteils) ein Monolog des Sokrates ist. Platon lässt Sokrates zu Beginn sagen, er müsse sich nicht so sehr gegen die aktuellen Ankläger verteidigen, als vielmehr gegen die seit langer Zeit bestehenden Anklagen und Vorwürfe (18a–b). Als Ursache für seinen Ruf gibt Sokrates den Orakelspruch an, welchen sein Freund Chairephon auf die Frage, ob jemand weiser sei als Sokrates, erhalten habe. Die Pythia, die Orakelpriesterin, habe geantwortet, keiner sei weiser – was Sokrates zu seiner folgenschweren Untersuchung über den Götterspruch veranlasst habe (20c–23b). Im Gespräch mit Vertretern verschiedener Berufsgruppen, beginnend mit den πολιτικοί, den Staatsmännern, habe er herausgefunden, dass sie zwar weise zu sein scheinen, es aber nicht sind (vgl. z. B. 21c). Aus diesen Nachforschungen seien ihm viele Feindschaften entstanden, und die Zuhörer seiner Diskussionen hätten geglaubt, dass er selbst Wissen über diejenigen Dinge habe, von denen er gezeigt habe, dass andere keines darüber hätten. Doch er selbst deutet das Ergebnis der Untersuchung so, dass der Gott des Orakels ihn zu einem παράδειγμα der „menschlichen Weisheit" gemacht habe (23a–b):

τὸ δὲ κινδυνεύει, ὦ ἄνδρες, τῷ ὄντι ὁ θεὸς σοφὸς εἶναι καὶ ἐν τῷ χρησμῷ τούτῳ τοῦτο λέγειν, ὅτι ἡ ἀνθρωπίνη σοφία ὀλίγου τινὸς ἀξία ἐστὶν καὶ οὐδενός. καὶ φαίνεται τοῦτον λέγειν τὸν Σωκράτη, προσκεχρῆσθαι δὲ τῷ ἐμῷ ὀνόματι ἐμὲ παράδειγμα ποιούμενος, ὥσπερ ἂν <εἰ> εἴποι ὅτι· „Οὗτος ὑμῶν, ὦ ἄνθρωποι, σοφώτατος ἐστιν, ὅστις ὥσπερ Σωκράτης ἔγνωκεν ὅτι οὐδενὸς ἄξιός ἐστιν τῇ ἀληθείᾳ πρὸς σοφίαν".

κινδυνεύω	in Gefahr sein; + *Inf.* es steht zu befürchten, es scheint
τῷ ὄντι Adv. (εἰμί)	in Wahrheit, in der Tat
σοφός 3	geschickt; klug; weise
χρησμός, οῦ m.	Orakelspruch, Prophezeiung
ἀνθρώπινος 3 (ἄνθρωπος)	den Menschen betreffend, menschlich
σοφία, ας f. (σοφός)	Geschicklichkeit; Klugheit; Weisheit
ὀλίγος 3	klein; wenig (vgl. Olig-archie)
ἄξιος 3	wertvoll; + *Gen.* würdig
οὐδ-είς, οὐδε-μία, οὐδ-έν	keiner, keine, nichts
Σωκράτη	*Akk. zu* Σωκράτης
προσκεχρῆσθαι	*Inf. Perf. zu*
προσ-χράομαι Dep. med.	+ *Dat.* etw. zu Hilfe nehmen
ἐμός 3	mein
ὄνομα, ατος n.	Name; Wort; Nomen (vgl. Onomasiologie)
ἐμέ	*Akk. Sg. zu* ἐγώ
εἴποι	*Opt. Aor. 3. Ps. Sg. zu* λέγω
ὑμῶν	*Gen. partitivus (Teilungsgen.* – „von euch", „unter euch") *zu*
ὑμεῖς	ihr
ὅστις, ἥτις, ὅ τι	wer, was auch immer

ἔγνωκεν *Perf. 3. Ps. Sg.* zu γιγνώσκω
τῇ ἀληθείᾳ in Wahrheit, in der Tat

An grammatikalisch Neuem ist hier das Wort οὐδείς zu erwähnen, welches aus der Negation οὐ und dem Zahlwort εἷς zusammengesetzt ist und wie letzteres dekliniert wird:

οὐδείς G

	m.	f.	n.
1.	οὐδείς	οὐδεμία	οὐδέν
2.	οὐδενός	οὐδεμιᾶς	οὐδενός
3.	οὐδενί	οὐδεμιᾷ	οὐδενί
4.	οὐδένα	οὐδεμίαν	οὐδέν

c) *Phaidon*

Im *Phaidon* liest man diejenige Stelle, auf die oben im Zusammenhang mit Anaxagoras verwiesen wurde. In diesem Dialog, welcher den letzten Lebenstag des Sokrates schildert, diskutiert dieser mit seinen Freunden über die Unsterblichkeit der Seele. Unter anderem kommt Sokrates auch auf Anaxagoras zu sprechen, von dem er in seiner Jugend gehört habe, dass er den νοῦς als Ursache und Ordnungsprinzip aller Dinge ansehe. Er sei jedoch nach der Lektüre seines Buches enttäuscht gewesen, da er nur notwendige, aber keine hinreichenden Bedingungen für den Zustand der Dinge angeführt gefunden habe. Sokrates: „Und mich dünkte, es sei ihm (sc. Anaxagoras) so gegangen, als wenn jemand zuerst sagte, Sokrates tut alles was er tut mit Vernunft, dann aber, wenn er sich daran machte, die Gründe anzuführen von jeglichem, was ich tue, dann sagen wolle, zuerst daß ich jetzt deswegen hier säße, weil mein Leib aus Knochen und Sehnen besteht, und die Knochen dicht sind und durch Gelenke von einander geschieden, die Sehnen aber so eingerichtet, daß sie angezogen und nachgelassen werden können, und die Knochen umgeben nebst dem Fleisch und der Haut, welche sie zusammenhält." (98c–d, F. Schleiermacher, Übers.). Da er niemanden habe finden können, der ihm die wahren Ursachen, etwa für die Beschaffenheit der Welt, erklären konnte, habe er einen δεύτερος πλοῦς (eine „zweite Fahrt") unternommen, einen anderen Kurs zur Erforschung der Ursachen eingeschlagen (99d).

Die anschließende Erzählung des Sokrates gilt als eine der Zentralstellen der platonischen Ideenlehre, wobei vielleicht korrekterweise nicht von einer „Lehre", sondern der „Ideenannahme" oder „Ideenhypothese" gesprochen werden sollte.[73] Sokrates setzt sich bei seinem Bericht über seinen Versuch, die Wahrheit der Dinge zu erspähen, in Analogie zu denjenigen, die sich beim Betrachten einer Sonnenfinsternis die Augen verderben. Er habe befürchtet, dass er an der Seele erblinde, wenn er direkt auf die Dinge hinblicke. Daraus habe er folgenden Schluss gezogen (99e):

ἔδοξε δή μοι χρῆναι εἰς τοὺς λόγους καταφυγόντα ἐν ἐκείνοις σκοπεῖν τῶν ὄντων τὴν ἀλήθειαν.

ἔδοξε	*Aor. 3. Ps. Sg. zu*
δοκέω	*tr.* meinen; *intr.* scheinen
χρῆναι	*Inf. zu*
χρή	es ist nötig, man muss
καταφυγόντα	*Aor. Part. m. Sg. Akk. zu*
κατα-φεύγω, Aor. κατέφυγον	hinabfliehen, hinfliehen
σκοπέω	ausspähen; untersuchen, prüfen

In weiterer Folge sagt Sokrates zu seinem Gesprächspartner Kebes, dass er mit dieser Flucht in die Logoi das meint, was er schon seit langer Zeit immer wieder mit den Leuten bespricht, und dass er versuchen will, ihm das noch einmal zu beschreiben (100b):

ἔρχομαι γὰρ δὴ ἐπιχειρῶν σοι ἐπιδείξασθαι τῆς αἰτίας τὸ εἶδος ὃ πεπραγμάτευμαι, καὶ εἶμι πάλιν ἐπ᾽ ἐκεῖνα τὰ πολυθρύλητα καὶ ἄρχομαι ἀπ᾽ ἐκείνων, ὑποθέμενος εἶναί τι καλὸν αὐτὸ καθ᾽ αὑτὸ καὶ ἀγαθὸν καὶ μέγα καὶ τἆλλα πάντα.

ἔρχομαι med.	kommen, gehen; + *Part.*: sich anschicken
ἐπιχειρέω (χείρ)	versuchen
ἐπιδείξασθαι	*Inf. Aor. med. zu*
ἐπι-δείκνυμι	aufzeigen, beweisen

---

[73] Vgl. u. a. W. Wieland, Platon und die Formen des Wissens, 2., durchgesehene und um einen Anhang und ein Nachwort erweiterte Aufl., Göttingen 1999, 95–185.

αἰτία, ας f.	Grund, Ursache (vgl. Ätio-logie)
πεπραγμάτευμαι	*Perf. med. 1. Ps. Sg. zu*
πραγματεύομαι Dep. med. (πρᾶγμα)	sich mit etw. beschäftigen
πάλιν	wieder(um) (vgl. Palin-drom, „das rückwärts laufende (Wort)")
ἐπί + Akk.	auf, nach, gegen, zu
πολυθρύλητος 2	viel besprochen
ἄρχω	anfangen
ἀπό + Gen.	von
ὑποθέμενος	*Aor. Part. med. zu*
ὑπο-τίθημι	darunter legen; *med.* sich etw. unterlegen, etw. als Grundlage annehmen
καλός 3	schön
ἑαυτοῦ, ῆς, οῦ (kontrahiert αὑτοῦ)	seiner selbst, ihrer selbst
ἀγαθός 3	gut
μέγας, μεγάλη, μέγα	groß (vgl. Mega-phon)
τἆλλα	*aus* τὰ ἄλλα

Kurz nach dieser Stelle spricht Sokrates von der Wirkmacht dieses „an und für sich seienden" ἀγαθόν (100c):

φαίνεται γάρ μοι, εἴ τί ἐστιν ἄλλο καλὸν πλὴν αὐτὸ τὸ καλόν, οὐδὲ δι' ἓν ἄλλο καλὸν εἶναι ἢ διότι μετέχει ἐκείνου τοῦ καλοῦ.

μοι	*Dat. (unbetont) zu* ἐγώ
οὐ-δέ	und nicht, nicht einmal
διά	+ *Akk.* durch; aufgrund, wegen, um … willen
διότι	weil
μετ-έχω	+ *Gen.* Anteil haben an etw.

2. Die zweite Tetralogie

Mit dem in der vorhergehenden *Phaidon*-Stelle vorkommenden Wort μετέχω ist man auf das Konzept der μέθεξις („Anteilhabe") verwiesen, das z. B. im *Sophistes*, dem dritten Dialog der zweiten Tetralogie, ausgeführt wird. Nach der Lektüre der ersten Tetralogie, in welcher die Leser eine Fülle verschiedener Themen vorfanden und Sokrates' Art der Gesprächsführung beobachten konnten, erhalten sie in der zweiten Tetralogie eine beinahe systematische Einführung in den Gebrauch des philosophischen Handwerkszeuges, des λόγος. So wird etwa besprochen, woher die Namen der Dinge kämen, was Wissen bedeute oder wie Begriffe zergliedert werden können.

a) *Kratylos*

Der erste Dialog dieser Vierergruppe, der *Kratylos*, befasst sich mit der Etymologie. Der Untertitel dieses Dialogs lautet: περὶ ὀρθότητος ὀνομάτων („Über die Richtigkeit der Wörter"). Man kann erwarten, dass in diesem Dialog die Richtigkeit dessen, wohin sich Sokrates laut seiner Aussage im *Phaidon* geflüchtet hat, untersucht wird. Weithin bekannt ist aus dem *Kratylos* die an seinem Anfang stehende Frage, mit der Sokrates konfrontiert wird, ob die Dinge ihre Bezeichnungen φύσει oder θέσει hätten, von „Natur aus" oder „durch Setzung" (vgl. 383a). Sokrates ändert in seinem Gespräch mit Hermogenes die an ihn herangebrachte Problemstellung: Ihn interessiert nicht die „Naturbedeutung" der Wörter, sondern er will dem nachspüren, was derjenige, der als erster ein Wort gebildet hat, vor Augen gehabt hat.
Für Sokrates ist dasjenige, was uns die Wörter überliefert, der νόμος, das „Gesetz", der „(Ge)brauch" (388d). Gesetze könne nur aufstellen, wer eine gewisse Kunst besitze – die Aufgabe, Wörter zu prägen, komme dem ὀνοματουργός, dem „Wortbildner" zu, welcher der seltenste unter den δημιουργοί (den „Handwerkern") sei (389a). Aus diesen Erörterungen des Sokrates ergibt sich folgende Problemstellung:
Ἴθι δή, ἐπίσκεψαι ποῖ βλέπων ὁ νομοθέτης τὰ ὀνόματα τίθεται. – „Wohl, so betrachte nun weiter, worauf der Gesetzgeber wohl sieht, indem er die Worte bestimmt." (389a, F. Schleiermacher, Übers.). Im Laufe des Gesprächs, in dem Sokrates immer gewagtere Etymologisierungsversuche unternimmt, gibt Hermogenes seinem Gesprächspartner Sokrates zu erkennen, dass er ihm als ἐνθουσιάζων, wie ein „Gottbegeisterter", zu reden scheint (396d). Sokrates

stimmt dieser Beobachtung zu und kündigt an, an diesem Tag noch der Begeisterung nachzugeben und einige Etymologien zu versuchen, am nächsten Tag jedoch davon abzulassen.

Beispielsweise erklärt Sokrates das Wort θεός durch das Verbum θεῖν „gehen", da ähnlich den Barbaren auch die ältesten Einwohner von Hellas nur die sich auf Bahnen bewegenden Gestirne für Götter gehalten hätten (397c–d).

b) *Theaitetos*

Platon hat sich selbst als ὀνοματουργός bzw. als νομοθέτης im Bereich der ὀνόματα betätigt. Im *Theaitetos* lässt er Sokrates ein neues Wort einführen, welches in zahlreichen Sprachen Aufnahme fand (s. u. 81).

Besonders beachtenswert ist an diesem Dialog auch die Rahmenhandlung: Am unmittelbaren Anfang steht eine Szene, in welcher ein gewisser Eukleides und ein gewisser Terpsion aufeinander treffen. Eukleides berichtet, dass er eben den schwer verwundeten und kranken Theaitetos gesehen habe. Da habe er sich an ein Gespräch des jungen Theaitetos mit Sokrates kurz vor dessen Tod erinnert, welches er schon damals aufgezeichnet habe. Der Fiktion des Dialogs zufolge bekommt der Leser dann dieses Gespräch aus einem Buch vorgelesen, über welches Eukleides Folgendes erklärt: „Ich habe aber das Gespräch solchergestalt abgefaßt, nicht daß Sokrates es mir erzählt, wie er es mir doch erzählt hat, sondern so, daß er wirklich mit denen redet, welche er als Unterredner nannte." (143b, F. Schleiermacher, Übers.). Am Anfang dieses Gesprächs wird von einem gewissen Theodoros Sokrates der junge Theaitetos vorgestellt und in seinem äußeren Erscheinungsbild beschrieben: Er sei nicht besonders schön, sehe etwa so aus wie Sokrates, mit „krummer Nase und heraustretenden Augen" (143e), allerdings seien seine Züge nicht so ausgeprägt wie die des Sokrates. Am Ende dieses Dialogs über die ἐπιστήμη („Wissenschaft") geht Sokrates auf die Krummnasigkeit des Theaitetos ein (209c), wodurch sich über den Bezug zum Anfang eine Rahmung des Dialogs ergibt.

Eine ähnliche Rahmung ergibt sich durch Sokrates' Aussage über seine Tätigkeit: Er bringe selbst nichts Weises hervor, sondern befördere durch seine Fragen die geistigen Hervorbringungen anderer (150b–c). Hierin könne er sich mit einer Hebamme (μαῖα) vergleichen, zumal seine Mutter Phainarete diesen Beruf ausgeübt habe (149a). Seine τέχνη sei deshalb die μαιευτική – darauf kommt Sokrates am Ende des Dialogs zurück, unmittelbar bevor er mit dem

Hinweis, er müsse nun die στοὰ βασιλέως, die uns aus dem *Euthyphron* bekannt ist, aufsuchen, das Gespräch abbricht (210d).
Theaitetos wird in diesem Dialog von Sokrates aufgefordert, eine Definition der ἐπιστήμη zu geben. Er setzt zunächst die ἐπιστήμη mit der αἴσθησις („Perzeption", „Wahrnehmung") gleich. Diesen Definitionsversuch vergleicht Sokrates mit dem Satz des Protagoras: φησὶ γάρ που „πάντων χρημάτων μέτρον" ἄνθρωπον εἶναι, „τῶν μὲν ὄντων ὡς ἔστι, τῶν δὲ μὴ ὄντων ὡς οὐκ ἔστιν." – „Er sagt nämlich, der Mensch sei das Maß aller Dinge, der seienden, daß sie sind, der nichtseienden, daß sie nicht sind." (152a, F. Schleiermacher, Übers.)
Neben dieser finden sich noch einige weitere aus der Philosophiegeschichte bekannte Passagen im *Theaitetos*, etwa diejenige über die Entstehung der Philosophie aus dem Staunen (155d) oder die Gegenüberstellung der Lehren des Parmenides und Heraklit (179d–184b).
Im Zusammenhang mit der Kritik der Flusslehre des Heraklit bringt Sokrates ein neues Wort ins Spiel, die ποιότης (182a), über die er folgendes sagt:

ἴσως οὖν ἡ „ποιότης" ἅμα ἀλλόκοτόν τε φαίνεται ὄνομα καὶ οὐ μανθάνεις ἀθρόον λεγόμενον.

ἴσως	vielleicht
ποιότης, ητος f. (ποῖος)	Beschaffenheit, Qualität
ἅμα	zusammen, zugleich
ἀλλό-κοτος 2	anders beschaffen, ungewöhnlich
μανθάνω	lernen; verstehen
ἀθρόος 3 und 2	gedrängt

Aus dieser Stelle ist ersichtlich, dass nicht nur Philosophen des 20. Jahrhunderts zu sprachlichen Neuschöpfungen gegriffen haben.
Von Platon übernahm Aristoteles das Wort ποιότης, bei dem es eine der von ihm aufgezählten Kategorien bezeichnet. Über die Vermittlung des lateinischen *qualitas* (so Ciceros Übersetzung in *Ac.* 1, 25) wurde es schließlich zu einem in zahlreichen Sprachen allgemein verwendeten Wort.

c) *Sophistes*

Im Dialog, der seiner Rahmenhandlung nach am Tag, welcher auf das Gespräch von Sokrates und Theaitetos folgt, stattfindet, dem *Sophistes*, wird ein wichtiges Werkzeug der Wissenschaft präsentiert. Ging es im *Kratylos* um die richtigen Wortbedeutungen und im *Theaitetos* um die Frage, was Wissenschaft eigentlich sei, so kann der Leser hier lernen, wie einzelne Begriffe zergliedert werden müssen. Diese Zergliederung wird im Griechischen διαίρεσις (von διαιρέω „auseinandernehmen", „unterscheiden") genannt und funktioniert so, dass jeweils zwei Überbegriffe genannt werden und jeweils einem dieser Überbegriffe der zu analysierende Begriff zugeordnet wird, woraus sich die sog. „Dihairesenbäume" ergeben.

Im Hauptteil des Dialogs wird kein geringerer Begriff als der des Sophisten analysiert und am Ende der Untersuchung dem des Philosophen gegenübergestellt. Für den Neuling in der Philosophie bietet sich damit die Gelegenheit, seinen eigenen Standpunkt zu bestimmen und sich gegen die Sophisten abzugrenzen. Der Gesprächspartner des Theaitetos in diesem Dialog ist ein Ἐλεάτης ξένος, ein „Fremder aus Elea". Diese Ortsangabe erinnert an Parmenides, der in dem in Süditalien gelegenen Ἐλέα (heute Velia) seine Wirkungsstätte hatte. Tatsächlich ist in der Zergliederung des Begriffes des Sophisten ein ontologischer Exkurs enthalten, der vom Satz des Parmenides über Sein und Nichtsein ausgeht. Mit diesem Exkurs betritt man einen im Zentrum der Philosophie Platons gelegenen Fragenkomplex, der sich mit den Begriffen Sein, Bewegung, Ruhe, Selbigem und Verschiedenem befasst. Bevor die Leser jedoch dorthin gelangen, können sie die Begriffszergliederungskunst anhand der Analyse des Begriffes des Angelfischers studieren.

Stark verkürzt können die einzelnen binären Fragen, die zur Bestimmung dieses Ausdrucks führen, folgendermaßen wiedergegeben werden: Ist er ein Künstler oder Kunstloser? Ein Künstler. Ein Erwerbender oder Hervorbringender? Ein Erwerbender. Ein im Tausch Erwerbender oder ein Bezwingender? Ein Bezwingender. Ein Kämpfender oder Jagender? Ein Jagender. Ein Landtiere oder Schwimmtiere Jagender? Schwimmtiere. Durch Netz- oder durch Hakenfang? Durch Hakenfang.

Der Xenos fasst das Ergebnis dieser Dihairese so zusammen: „Denn von der gesamten Kunst war die eine Hälfte die erwerbende, von der erwerbenden die bezwingende, von der bezwingenden die nachstellende, von der nachstellenden die jagende, von der jagenden die im Flüssigen jagende, von der im Flüssigen jagenden war der ganze untere Abschnitt die Fischerei, von dieser ein Teil die verwundende, von der verwundenden die Hakenfischerei, und von dieser hat uns die Art vermittelst einer von unten nach oben gezogenen und den Fisch daran hängenden Wunde den der Tat selbst nachgebildeten Namen der Angelfischerei erhalten." (221b, F. Schleiermacher, Übers.).

Im Laufe ihres Gesprächs sind der Fremde und Theaitetos darin übereingekommen, dass sich manche γένη, manche „Gattungen" (bzw. „Begriffe"), miteinander verbinden, andere nicht. Sie wollen dann einige dieser Verhältnisse der γένη zueinander herausheben (254c):

... προελόμενοι τῶν μεγίστων λεγομένων (sc. εἰδῶν) ἄττα, πρῶτον μὲν ποῖα ἕκαστά ἐστιν, ἔπειτα κοινωνίας ἀλλήλων πῶς ἔχει δυνάμεως, ἵνα τό τε ὂν καὶ μὴ ὂν, εἰ μὴ πάσῃ σαφηνείᾳ δυνάμεθα λαβεῖν, ἀλλ᾽ οὖν λόγου γε ἐνδεεῖς μηδὲν γιγνώμεθα περὶ αὐτῶν, ...

προελόμενοι	*Aor. Part. med. zu*
προ-αιρέω	herausnehmen, auswählen
ἄττα	*attisch* = τινά (*n. Pl.*)
πρῶτον	zuerst
ποῖος 3	wie beschaffen, was für einer
ἕκαστος 3	jeder, jeder einzelne
ἔπειτα	danach, hierauf
ἔχω (intransitiv)	sich verhalten
κοινωνία, ας f.	Gemeinschaft, Anteil
πῶς	wie?
δύναμις, εως f.	Vermögen, Kraft, Möglichkeit, *zu*
δύναμαι	können, vermögen (vgl. dynamisch)
σαφήνεια, ας f.	Deutlichkeit, Bestimmtheit
λαβεῖν	*Aor. Inf. zu*
λαμβάνω	nehmen, ergreifen, erfassen
ἐνδεής 2	ermangelnd, bedürftig
μηδ-είς, μηδε-μία, μηδ-έν	keiner, nichts
(aus μηδὲ εἷς „auch nicht einer")	
περί	+ *Gen.* über, um, in betreff

Stammformen

λαμβάνω	λήψομαι	ἔλαβον	εἴληφα
		ἐλήφθην	εἴλημμαι

Der Fremde nimmt sich vor, von den „größten Ideen" einige auszuwählen und zuerst ihre Beschaffenheit zu untersuchen (mit ποῖος trifft man dasjenige Wort an, von dem der im *Theaitetos* gebildete Ausdruck ποιότης abgeleitet ist), um danach ihre δύναμις, sich mit anderen zu verbinden, zu erwägen. Das Wort δύναμις wiederum ist vom Verb δύναμαι abgeleitet und bezeichnet das „Vermögen" oder die „Möglichkeit" einer Sache. Von Aristoteles wurde dieser Terminus mit dem Begriff der ἐνέργεια, der „Tätigkeit", zu einem Begriffspaar zusammengefasst (s. u. 124).

Unter den fünf vom eleatischen Fremden ausgewählten μέγιστα εἴδη (ὄν, στάσις, κίνησις, ταὐτόν, θάτερον) finden sich neben dem Wort δύναμις zwei weitere „i-Stämme", die ebenfalls von Verben abgeleitet sind, nämlich στάσις und κίνησις:

στάσις, εως f.	Stehen, Stand, *zu*
ἵστημι	aufstellen; sich hinstellen
κίνησις, εως f.	Bewegung, *zu*
κινέω	bewegen (vgl. Kinesiologie, Kinematograph, daraus Kino)
θάτερον (aus τὸ ἕτερον)	das Verschiedene

Nach der Beschäftigung mit Parmenides nehmen die Gesprächspartner den λόγος selbst vor und stellen die Frage, ob nicht auch er Anteil am Sein und Nichtsein habe (260b–c). Sie bejahen diese Frage und gehen daran, die Bestandteile des λόγος zu analysieren (261e– 262a):

> Ξένος· ... ἔστι γὰρ ἡμῖν που τῶν τῇ φωνῇ περὶ τὴν οὐσίαν δηλωμάτων διττὸν γένος.
> Θεαίτητος· Πῶς;
> Ξε· Τὸ μὲν ὀνόματα, τὸ δὲ ῥήματα κληθέν.
> Θεαί· Εἰπὲ ἑκάτερον.
> Ξε· Τὸ μὲν ἐπὶ ταῖς πράξεσιν ὂν δήλωμα ῥῆμά που λέγομεν.
> Θεαί· Ναί.
> Ξε· Τὸ δέ γ' ἐπ' αὐτοῖς τοῖς ἐκείνας πράττουσι σημεῖον τῆς φωνῆς ἐπιτεθὲν ὄνομα.

ἡμῖν	*Dat. zu*
ἡμεῖς	wir
φωνή, ῆς f.	Laut, Stimme, Sprache (vgl. Telephon, Phonetik)

δήλωμα, ατος n. (δηλόω)	Mittel zum Deutlichmachen, Kennzeichen
διττός 3	doppelt, zweifach (vgl. Ditto-graphie)
κληθέν	Aor. Part. pass. n. Sg. zu καλέω
ἑκάτερος 3	jeder von zweien
ἐπί	+ Dat. auf, bei, an
πρᾶξις, εως f. (πράττω)	Handlung, Tat (vgl. Praxis)
σημεῖον, ου n.	Zeichen (vgl. Semiologie, Semantik)
ἐπιτεθέν	Aor. Part. pass. n. Sg. zu
ἐπι-τίθημι	darauf stellen, beilegen

Dies ist eine Stelle, die des Öfteren als Geburtsort der Sprachphilosophie ebenso wie der Grammatik namhaft gemacht wird. Tatsächlich fungieren in der späteren griechischen grammatikalischen Terminologie die Wörter ὄνομα und ῥῆμα als Bezeichnungen für dasjenige, was in der lateinischen grammatikalischen Begrifflichkeit *nomen* und *verbum* genannt wird. Für den *Sophistes* würde die Gleichsetzung der Wörter ὄνομα und ῥῆμα mit den grammatikalischen Termini ihren Bedeutungsgehalt wohl zu stark einschränken, da sie hier in etwa auch dasjenige bezeichnen können, was mit den Ausdrücken „Subjekt" und „Prädikat" benannt wird. Des Weiteren fallen in diesem Abschnitt Schlagworte sprachtheoretischer Abhandlungen wie die Ausdrücke δήλωμα und σημεῖον, die in ähnlicher Form in Aristoteles' sprachphilosophischen Traktaten wiederkehren werden (s. u. 112).

Die Formen κληθέν und ἐπιτεθέν sind Partizipien zum

(θ)η-Aorist G

welcher passive Bedeutung hat; sein Tempuszeichen ist -θη-:

Sg. 1. ἐκλήθην   Pl. 1. ἐκλήθημεν
    2. ἐκλήθης   2. ἐκλήθητε
    3. ἐκλήθη   3. ἐκλήθησαν

Infinitiv   κληθῆναι

Partizip   m.   κληθείς
          f.   κληθεῖσα
          n.   κληθέν

Hinsichtlich der zwei Genera von Verdeutlichungsmitteln in der Sprache sagt der Fremde, die Verknüpfung von ὄνομα und ῥῆμα ergäbe die einfachste Form eines λόγος (262c):

οὐδεμίαν γὰρ οὔτε οὕτως οὔτ' ἐκείνως πρᾶξιν οὐδ' ἀπραξίαν οὐδὲ οὐσίαν ὄντος οὐδὲ μὴ ὄντος δηλοῖ τὰ φωνηθέντα, πρὶν ἄν τις τοῖς ὀνόμασι τὰ ῥήματα κεράσῃ. τότε δ' ἥρμοσέν τε καὶ λόγος ἐγένετο εὐθὺς ἡ πρώτη συμπλοκή, σχεδὸν τῶν λόγων ὁ πρῶτός τε καὶ σμικρότατος.

οὔτε – οὔτε	weder – noch
οὕτω(ς) (Adv. zu οὗτος)	so
ἐκείνως (Adv. zu ἐκεῖνος)	auf folgende, jene Art
ἀπραξία, ας f. (πρᾶξις)	Untätigkeit
δηλόω (δῆλος)	„klarmachen", offenbaren, kundtun
φωνηθέντα	*Aor. Part. pass. n. Pl. zu*
φωνέω (φωνή)	tönen; sprechen
πρίν	*als Konjunktion*: bevor, (nicht) eher als
κεράσῃ	*Konj. Aor. 3. Ps. Sg. zu*
κεράννυμι	mischen, vermischen
τότε	damals; da, dann
ἥρμοσεν	*Aor. 3. Ps. Sg. zu*
ἁρμόζω	zusammenfügen; *intr.* passen; sich ziemen
ἐγένετο	*Aor. 3. Ps. Sg. zu* γίγνομαι
εὐθύς, εὐθεῖα, εὐθύ	gerade, gerecht; *als Adv.*: geradezu; sofort
πρῶτος 3	erster, vorderster, frühster (vgl. Proton, Prototyp)
συμπλοκή, ῆς f.	Verflechtung, Verknüpfung
(zu συμ-πλέκω	zusammenflechten, verbinden)
σχεδόν	nahe; beinahe, fast
σμικρός 3 = μικρός 3	klein; wenig (vgl. Mikro-phon)

δηλοῖ ist eine Form der

verba contracta auf -όω G

Ihr Indikativ Präsens Aktiv lautet folgendermaßen (vgl. die *verba contracta* auf -έω, s. o. 43):

    Sg. 1. δηλῶ   Pl. 1. δηλοῦμεν
        2. δηλοῖς   2. δηλοῦτε
        3. δηλοῖ   3. δηλοῦσι(ν)

Infinitiv   δηλοῦν

Imperativ Sg./Pl.   δήλου/δηλοῦτε

Ein durch Verknüpfung von ὄνομα und ῥῆμα entstandener Logos habe Sein oder Nichtsein an sich, woraus seine Wahrheit oder Falschheit resultiere, wie sich an den Sätzen „Theaitetos sitzt." und „Theaitetos fliegt." zeigen lasse (263a).
Daran schließt sich die Überlegung des Fremden, ob nicht auch das Nachdenken, Meinen und Vorstellen als wahr und falsch in den Seelen der Menschen vorkämen (263d) – dies soll durch die Gleichsetzung von λόγος und διάνοια plausibel gemacht werden (263e):

Οὐκοῦν διάνοια μὲν καὶ λόγος ταὐτόν· πλὴν ὁ μὲν ἐντὸς τῆς ψυχῆς πρὸς αὑτὴν διάλογος ἄνευ φωνῆς γιγνόμενος τοῦτ' αὐτὸ ἡμῖν ἐπωνομάσθη, διάνοια;

οὐκ-οῦν	*folgernd:* also, folglich
διάνοια, ας f.	Denken; Gedanke (vgl. dianoetisch)
(zu δια-νοέομαι	durchdenken, nachdenken)
ἐντός + Gen.	innerhalb
διάλογος, ου m.	Unterredung, Gespräch (vgl. Dialog)
(zu δια-λέγομαι	sich unterhalten, besprechen)
ἡμῖν	*Dat. Sg. zu* ἡμεῖς
ἐπ-ονομάζω	benennen

Der Dativ ἡμῖν ist hier als

dativus auctoris	G

aufzufassen. Dieser zeigt beim Passiv den Urheber (lat. *auctor*) der Handlung an.

3. Die dritte Tetralogie

a) *Parmenides*

Am Anfang der dritten Tetralogie steht der Dialog *Parmenides*, das wohl spekulativste Werk Platons. Der Fiktion des Dialogs zufolge trifft der junge Sokrates auf den schon betagten Parmenides, welcher gemeinsam mit seinem Schüler Zenon zu dem Fest der Panathenäen in Sokrates' Heimatstadt weilt. Am Ende einer Vorlesung des Zenon tritt Sokrates mit diesem in Diskussion. Dabei bringt er seine Annahme von εἴδη ins Spiel. Daraufhin spricht Parmenides dem jungen Sokrates, dessen Ausführungen er aufmerksam verfolgt hat, Lob für seine ὁρμὴ ἐπὶ τοὺς λόγους, sein „Losgehen auf die Logoi" aus (130b), wenngleich er die Annahme von εἴδη einer Kritik unterzieht. Das Ergebnis dieses Vorgespräches ist die Feststellung des Parmenides, Sokrates müsse sich noch in der Dialektik üben (135c–136c). Er solle in Bezug auf verschiedene Voraussetzungen lernen herauszufinden, was sich aus ihnen und der Annahme des jeweiligen Gegenteils ergibt. Parmenides gibt dann, von Sokrates darum gebeten, eine Probeuntersuchung dieser Art über die Voraussetzung, dass Eins ist, und die Gegenannahme, dass Eins nicht ist. Sein Gesprächspartner ist dabei der jüngste der Anwesenden, ein gewisser Aristoteles.
Der zweite Anlauf zur Untersuchung der ersten Voraussetzung nimmt sein zentrales Argument vom Befund am Logos (142b–c):

Ὅρα δὴ ἐξ ἀρχῆς· ἓν εἰ ἔστιν, ἆρα οἷόν τε αὐτὸ εἶναι μέν, οὐσίας δὲ μὴ μετέχειν;
Οὐχ οἷόν τε.
Οὐκοῦν καὶ ἡ οὐσία τοῦ ἑνὸς εἴη ἂν οὐ ταὐτὸν οὖσα τῷ ἑνί· οὐ γὰρ ἂν ἐκείνη ἦν ἐκείνου οὐσία, οὐδ' ἂν ἐκεῖνο, τὸ ἕν, ἐκείνης

μετεῖχειν, ἀλλ' ὅμοιον ἂν ἦν λέγειν ἕν τε εἶναι καὶ ἓν ἕν. νῦν δὲ οὐχ αὕτη ἐστὶν ἡ ὑπόθεσις, εἰ ἓν ἕν, τί χρὴ συμβαίνειν, ἀλλ' εἰ ἓν ἔστιν· οὐχ οὕτω;
Πάνυ μὲν οὖν.
Οὐκοῦν ὡς ἄλλο τι σημαῖνον τὸ ἔστι τοῦ ἕν;
Ἀνάγκη.

ὅρα	*Imperativ zu*
ὁράω	sehen (*ein verbum contractum auf* -άω, *s. u. 109*)
ἆρα	*Fragepartikel*
οἷός τέ εἰμι	ich bin imstande, vermögend (*bes. im Neutr. Sg. und Pl.*)
εἴη	*Opt. Präs. 3. Ps. Sg. zu* εἶναι
ὑπόθεσις, εως f. (ὑπο-τίθημι)	Grundlage; Annahme (vgl. Hypothese)
συμ-βαίνω	zusammengehen; zusammentreffen, sich ereignen, geschehen; *unpers.* es ergibt sich
(vgl. συμβεβηκός, Perf. Part. n. Sg.	„Akzidens")
σημαίνω (σῆμα)	bezeichnen, anzeigen (vgl. Semantik)
ἀνάγκη, ης f.	Zwang, Notwendigkeit

Wenn sich die Partikel ἄν mit dem Indikativ eines Nebentempus (Imperfekt, Aorist, Perfekt-Präteritum) verbindet (wie hier ἂν ... ἦν, ἂν ... μετεῖχειν), ergibt dies eine Form des

Irrealis	G

Im Griechischen wird (formal) nicht zwischen Irrealis der Gegenwart (z. B. „es hätte Anteil") und der Vergangenheit (z. B. „es hätte Anteil gehabt") unterschieden; die Zeitbedeutung muss aus dem Zusammenhang des Satzes erschlossen werden.

b) *Phaidros*

Diejenige Passage aus den Werken Platons, die in den letzten Jahrzehnten für die intensivsten Diskussionen in der Platonforschung gesorgt hat, ist die sog. „Schriftkritik" am Ende des *Phaidros*. Sokrates weist dort auf die Probleme hin, die sich mit der Verschriftlichung eines Logos ergäben. Zum einen bekäme man, wenn man von einem Text lernen will, auf seine Fragen immer nur die exakt gleichlautende Antwort, und zum anderen „rolle" ein publizierter Text überall herum und gelange zu Personen, die mit ihm umgehen könnten, jedoch auch zu solchen, für die er nicht geeignet sei (275e). Von diesen „unberufenen" Lesern würden die Texte zu Unrecht verspottet, weshalb sie „immer ihres Vaters Hilfe bedürfen" (275e).[74]

Besser sei dasjenige, was mit Sachverstand in die Seele des Lernenden geschrieben werde. Alles schriftlich Fixierte sei (nur) eine παιδιά, ein „Spiel".[75] Dergleichen Spiele könne man zur eigenen Gedächtnisstütze treiben oder bei den Symposien anstatt der üblichen Belustigungen heranziehen. Allen Einschränkungen zum Trotz ist Phaidros, Sokrates' Gesprächspartner, von dieser Art von Spiel begeistert und sagt (276e):

Παγκάλην λέγεις παρὰ φαύλην παιδιάν, ὦ Σώκρατες, τοῦ ἐν λόγοις δυναμένου παίζειν, δικαιοσύνης τε καὶ ἄλλων ὧν λέγεις πέρι μυθολογοῦντα.

πάγ-καλος 3 u. 2	ganz schön, außerordentlich schön
παρά	+ *Akk.* zu, neben, gegen, *h.*: im Vergleich mit (vgl. Para-sol)

---

[74] Diese Passage führte zur (erneuten) Diskussion der sog. „Ungeschriebenen Lehre". Platon habe aufgrund der v. a. im *Phaidros* aufgezeigten Probleme vermieden, seine eigentliche Lehrmeinung in Form der an eine breite Öffentlichkeit gerichteten Dialoge kundzugeben. Auf diese eigentliche Prinzipienlehre würden in den Dialogen die sog. „Aussparungsstellen" hinweisen; vgl. v. a. H. J. Krämer, Arete bei Platon und Aristoteles. Zum Wesen und zur Geschichte der platonischen Ontologie, Heidelberg 1959; K. Gaiser, Platons ungeschriebene Lehre, Stuttgart ²1968. Eine Definition des Terminus Aussparungsstelle gibt Th. A. Szlezák, Das Bild des Dialektikers in Platons späten Dialogen. Platon und die Schriftlichkeit der Philosophie Teil II, Berlin-New York 2004, 220, Anm. 6.

[75] Zur Funktion des Ausdruckes „Spiel" bei Platon vgl. A. Aichele, Philosophie als Spiel. Platon-Kant-Nietzsche, Berlin 2000, 37–75. Zum Konzept der παιδιά in Platons *Nomoi* vgl. E. Jouët-Pastré, Le jeu et le sérieux dans les Lois de Platon, Sankt Augustin 2006.

φαῦλος 3 u. 2	gering; schwach
παιδιά, ᾶς f. (παίζω)	Spiel, Scherz
παίζω	sich wie ein Kind benehmen: spielen, scherzen
(zu παῖς, παιδός m., f.	Kind; Diener)
δικαιοσύνη, ης f.	Gerechtigkeit
μυθολογέω	(einen Mythos) erzählen, erdichten
(zu μῦθος, ου m.	Wort, Erzählung, Geschichte)

4. *Politeia*

Das zweite Stück der vorletzten Tetralogie ist die *Politeia*. Das Wort πολιτεία ist eine Abstraktbildung zum Wort πόλις („Stadt"), das als Lehn- oder Fremdwort in vielen modernen Sprachen als Bezeichnung für diejenige Einrichtung, welche im weitesten Sinne die Verfassung schützen soll, angetroffen werden kann, wie z. B. im Deutschen in Form des Wortes „Polizei".

Knapp nach der Mitte des langen Gesprächs mit Glaukon, welches den Großteil der *Politeia* einnimmt, wird Sokrates ersucht zu erklären, was das ἀγαθόν sei. Sokrates hält das Ziel, zu dem ἀγαθόν selbst vorzudringen, für zu weit entfernt und will nur einen ἔκγονος τοῦ ἀγαθοῦ (einen „Spross des Guten") beschreiben (506e). Zu diesem Zweck hebt er zunächst die verschiedenen Sinne, über welche der Mensch verfügt, voneinander ab, um dann den Gesichtssinn als den edelsten herauszustreichen. Hier stellt er seinem Gegenüber folgende Frage (507c):

Ἆρ᾽ οὖν, ἦν δ᾽ ἐγώ, ἐννενόηκας τὸν τῶν αἰσθήσεων δημιουργὸν ὅσῳ πολυτελεστάτην τὴν τοῦ ὁρᾶν τε καὶ ὁρᾶσθαι δύναμιν ἐδημιούργησεν;

ἦν δ᾽ ἐγώ	h.: (*Impf. 1. Ps. zu* ἠμί) sagte ich
ἐν-νοέω	bedenken, bemerken
αἴσθησις, εως f.	Wahrnehmung, Perzeption (vgl. Ästhetik)
(zu αἰσθάνομαι	empfinden, wahrnehmen)
δημι-ουργός 2	für die Gemeinde tätig; *Subst.* Handwerker, Urheber, Verfertiger
πολυ-τελής 2	teuer, prächtig

ὁρᾶν, ὁρᾶσθαι	*Inf. akt. und pass. zu* ὁράω
δημι-ουργέω	etw. verfertigen, schaffen

Das Wort δημιουργός, das bereits aus dem *Kratylos* bekannt ist, ist ein zentraler Terminus des auf die *Politeia* folgenden *Timaios*. Dort wird über den Demiurgen erzählt, der den Kosmos hervorgebracht habe. In dem Wort δημιουργός sind die Wörter δῆμος, welches aus dem *Euthyphron* bekannt ist, und ἔργον miteinander verbunden. Letzteres ist verwandt mit dem deutschen Wort „Werk" – eine Verwandtschaft, die offenkundig wird, wenn man weiß, dass das Wort ἔργον ursprünglich mit einem W-Laut begann, welcher durch folgendes Zeichen dargestellt wurde: Ϝ. Aufgrund seiner Gestalt wird dieser Buchstabe „Digamma", „doppeltes Gamma", genannt.

Sokrates erwägt nun mit Glaukon, was diesen „prächtigsten" aller Sinne anregt (508a–b):

Τίνα οὖν ἔχεις αἰτιάσασθαι τῶν ἐν οὐρανῷ θεῶν τούτου (sc. τοῦ φωτός) κύριον, οὗ ἡμῖν τὸ φῶς ὄψιν τε ποιεῖ ὁρᾶν ὅτι κάλλιστα καὶ τὰ ὁρώμενα ὁρᾶσθαι;
Ὅνπερ καὶ σύ, ἔφη, καὶ οἱ ἄλλοι· τὸν ἥλιον γὰρ δῆλον ὅτι ἐρωτᾷς.
Ἆρ' οὖν ὧδε πέφυκεν ὄψις πρὸς τοῦτον τὸν θεόν;
Πῶς;
Οὐκ ἔστιν ἥλιος ἡ ὄψις οὔτε αὐτὴ οὔτ' ἐν ᾧ ἐγγίγνεται, ὃ δὴ καλοῦμεν ὄμμα.
Οὐ γὰρ οὖν.
Ἀλλ' ἡλιοειδέστατόν γε οἶμαι τῶν περὶ τὰς αἰσθήσεις ὀργάνων.
Πολύ γε.

ἔχω	(*auch:*) können, vermögen
αἰτιάομαι Dep. med. (αἰτία)	beschuldigen; als Ursache angeben
οὐρανός, οῦ m.	Himmel
φῶς, φωτός n.	Licht (vgl. Photon, Photo-graphie)
κύριος 3 + Gen.	stark, gebietend; *subst.* Herr (vgl. „Kyrie eleison", Kirche[76])

---

[76] Aus spätgr. κυρικόν „Gotteshaus".

ὄψις, εως f.	Sehen, Sehvermögen (vgl. Optik)
ὅτι	+ *Superlativ* möglichst
κάλλιστα	*Superlativ des Adv. zu* καλός
ὅσ-περ, ἥ-περ, ὅ-περ	ganz (od. gerade) der welcher
ἥλιος, ου m.	Sonne (vgl. helio-zentrisch)
δῆλος 3	leuchtend, klar
ἐρωτάω	fragen, erfragen
ὧδε	so, auf folgende Weise
πέφυκεν	*Perf. 3. Ps. Sg. zu*
φύω	erzeugen; erzeugt werden, entstehen (vgl. bauen, bin)
ἐγ-γίγνομαι	darin entstehen
ὄμμα, ατος n.	Auge
ἡλιοειδής 2 (ἥλιος, εἶδος)	sonnenartig, sonnenähnlich
ὄργανον, ου n.	Werkzeug, Gerät, (Sinnes-)Organ

Diese Stelle bildet den Anfang des berühmten Sonnengleichnisses. Sokrates fragt Glaukon, welchen der Götter im Himmel er als Grund für das Sehen angeben könne (αἰτιάσασθαι). Glaukon beginnt seine Antwort mit dem Wort ὅνπερ. Das Suffix -περ bedeutet „genau", „exakt": Glaukon meint, dass er genau denjenigen Gott als Grund für das Sehen anführen kann, den auch Sokrates und alle anderen angeben würden, nämlich den Sonnengott. Daraufhin fragt Sokrates nach dem „natürlichen" Verhältnis der ὄψις, des Sehens, zu diesem Gott. Das in diesem Zusammenhang verwendete Wort φύω ist die Grundlage für das Wort φύσις, welches in der lateinischen Übertragung *natura* in unserer Sprache Aufnahme gefunden hat (verwandt mit dem Verbum φύω sind übrigens die Formen „bin" und „bist").

Sokrates betont einerseits die Verschiedenheit von Sonne, Sehen und Sehwerkzeug (bei dem Wort ὄργανον treffen wir erneut auf eine Ableitung von der Wurzel Ϝεργ-), weist allerdings auch auf ihre Verwandtschaft hin. Das Auge sei nämlich das „sonnengestaltigste" der Sinneswerkzeuge – der Ausdruck ἡλιοειδής ist, soweit wir sehen, eine Schöpfung Platons, die von Plotin in seiner Schrift Περὶ τοῦ καλοῦ aufgenommen wurde (Plotin, *Enn.* I, 6, 9). Diese Schrift begeisterte ihrerseits Johann Wolfgang von Goethe, man denke an die Zeile: „Wär' nicht das Auge sonnenhaft, die Sonne könnt es nie erblicken." (Zahme Xenien, 3. Buch).

Sokrates setzt in weiterer Folge das Verhältnis von Sehen zum Quell des Sehens, der Sonne, in Relation zu dem Verhältnis von Erkennen und Quell des Erkennens, welcher die Idee des Guten ist (508e):

Τοῦτο τοίνυν τὸ τὴν ἀλήθειαν παρέχον τοῖς γιγνωσκομένοις καὶ τῷ γιγνώσκοντι τὴν δύναμιν ἀποδιδὸν τὴν τοῦ ἀγαθοῦ ἰδέαν φάθι εἶναι.

παρ-έχω	darreichen, gewähren, verursachen
ἀποδιδόν	*Präs. Part. n. Sg. Nom. zu*
ἀπο-δίδωμι	zurückgeben; mitteilen
φάθι	*Imper. Sg. zu* φημί

Die Idee des Guten ist nicht nur Quell für die Erkenntnis, sondern es ist auch der Grund für das Sein selbst (509b):

Καὶ τοῖς γιγνωσκομένοις τοίνυν μὴ μόνον τὸ γιγνώσκεσθαι φάναι ὑπὸ τοῦ ἀγαθοῦ παρεῖναι, ἀλλὰ καὶ τὸ εἶναί τε καὶ τὴν οὐσίαν ὑπ᾽ ἐκείνου αὐτοῖς προσεῖναι, οὐκ οὐσίας ὄντος τοῦ ἀγαθοῦ, ἀλλ᾽ ἔτι ἐπέκεινα τῆς οὐσίας πρεσβείᾳ καὶ δυνάμει ὑπερέχοντος.

μόνον	allein, nur, *Adv. zu*
μόνος 3	allein, einzig (vgl. Mono-log)
φάναι	*Inf. zu* φημί
ὑπό	+ *Gen.* unter; von, durch *(gibt beim Passiv den Urheber an)*
πάρ-ειμι	dabei, anwesend sein
πρόσ-ειμι	daran sein, verbunden sein
ἔτι	noch
ἐπ-έκεινα	jenseits, darüber hinaus
πρεσβεία, ας f.	Alter, Recht des Älteren, Würde, Gesandtschaft
ὑπερ-έχω	überragen, hervorragen

Die Form φάναι ist als imperativischer Infinitiv aufzufassen (s. o. 48).

Auf das Sonnengleichnis folgen das Linien- und das bekannte Höhlengleichnis. Hingewiesen sei noch auf das zehnte und letzte Buch der *Politeia*, welches mit einer Beurteilung der ποιηταί, der Hersteller, der Macher (sowohl der Handwerker als auch Dichter) in Hinblick auf ihre Stellung zu den Ideen beginnt und mit einer langen Erzählung über die Unterwelt und die Seelenwanderung endet, dem Mythos des Er (614b–621b).

5. *Timaios*

Der Dialog, welcher in der Tetralogienanordnung auf die *Politeia* folgt, beginnt mit folgender berühmter Abzählung (17a):

Σω· Εἷς, δύο, τρεῖς· ὁ δὲ δὴ τέταρτος ἡμῖν, ὦ φίλε Τίμαιε, ποῦ τῶν χθὲς μὲν δαιτυμόνων, τὰ νῦν δὲ ἑστιατόρων;

τρεῖς, τρία	drei
τέταρτος 3	vierter
φίλος 3	lieb, geliebt, eigen, liebend (vgl. Philosoph)
χθές	gestern
δαιτυμών, όνος m.	Gast, Schmauser
τὰ νῦν	jetzt
ἑστιάτωρ, ορος m.	Gastgeber

Die Unterscheidung zwischen „Gast" und „Gastgeber", die Sokrates hier trifft, bezieht sich, wie man annehmen darf, auf das Verhältnis von *Politeia* und *Timaios*. War es dort Sokrates, der die anderen mit seinen Ausführungen zur δικαιοσύνη bewirtete, so sollen jetzt im Gegenzug die Gesprächspartner Kritias, Hermokrates und Timaios den Sokrates durch ihre Reden versorgen. Sokrates äußert nach einer Rekapitulation der Hauptargumente der *Politeia* am Anfang dieses Gesprächs den Wunsch, diese Politeia, die er statisch geschildert hatte, in Bewegung zu sehen (19b). Diesem Wunsch entsprechend geben die neuen Gastgeber eine Vorschau auf die geplanten Reden: Kritias soll einen Bericht über die Taten des alten Athen geben, in welchem er auch auf die versunkene Stadt Atlantis hinweisen wird. Vor dieser Geschichte soll laut Abmachung der neuen Gastgeber der als Sternenkundler bezeichnete Timaios über das All sprechen, wobei er mit der Entstehung der Welt beginnen und mit der Hervorbringung der Menschen schließen will (27a). Diese Rede des Timaios macht den gesamten Rest des Dialogs aus, die angekündigte Geschichte von Atlantis wird ausführlich erst im auf den *Timaios* folgenden *Kritias* erzählt.

Timaios beginnt seine Rede mit der Unterscheidung von ewig Seiendem und ewig Werdendem. Diese Unterscheidung führt ihn zu der Aussage, dass alles Werdende durch ein αἴτιον werden muss (27d–28a):

ἔστιν οὖν δὴ κατ' ἐμὴν δόξαν πρῶτον διαιρετέον τάδε· τί τὸ ὂν ἀεί, γένεσιν δὲ οὐκ ἔχον, καὶ τί τὸ γιγνόμενον μὲν ἀεί, ὂν δὲ οὐδέποτε; τὸ μὲν δὴ νοήσει μετὰ λόγου περιληπτόν, ἀεὶ κατὰ ταὐτὰ ὄν, τὸ δ' αὖ δόξῃ μετ' αἰσθήσεως ἀλόγου δοξαστόν, γιγνόμενον καὶ ἀπολλύμενον, ὄντως δὲ οὐδέποτε ὄν. πᾶν δὲ αὖ τὸ γιγνόμενον ὑπ' αἰτίου τινὸς ἐξ ἀνάγκης γίγνεσθαι· παντὶ γὰρ ἀδύνατον χωρὶς αἰτίου γένεσιν σχεῖν. ὅτου μὲν οὖν ἂν ὁ δημιουργὸς πρὸς τὸ κατὰ ταὐτὰ ἔχον βλέπων ἀεί, τοιούτῳ τινὶ προσχρώμενος παραδείγματι, τὴν ἰδέαν καὶ δύναμιν αὐτοῦ ἀπεργάζηται, καλὸν ἐξ ἀνάγκης οὕτως ἀποτελεῖσθαι πᾶν.

δόξα, ης f. (δοκέω)	Meinung, Schein; Ruf, Ruhm, Ehre (vgl. Doxo-logie)
δι-αιρέω	auseinandernehmen, einteilen, unterscheiden (vgl. Dihairese)
οὐδέ-ποτε	niemals
νόησις, εως f. (νοέω)	Begreifen, Denken, Vernunft
μετά	+ Gen. mit
περιληπτός 3 (περι-λαμβάνω)	„erfassbar": begreiflich, fasslich
αὖ	wiederum; andererseits
ἄ-λογος 2	sprachlos, ohne Vernunft
δοξαστός 3	„meinbar", vorstellbar
(zu δοξάζω (δόξα)	meinen, vermuten)
ἀπόλλυμαι med.	umkommen, zugrunde gehen
ὄντως (Adv. zu ὤν)	„seienderweise", in der Tat, wahrhaftig
αἴτιον, ου n.	Ursache
ἀ-δύνατος 2	unvermögend; unmöglich
χωρίς + Gen.	außer, ohne
σχεῖν	*Aor. Inf. zu* ἔχω

ὅτου	*Gen. Sg. n. zu* ὅστις
ταὐτά	= τὰ αὐτά
βλέπω	blicken, schauen
ἀπ-εργάζομαι Dep. med.	ausarbeiten, herstellen
ἀπο-τελέω (τέλος, s. u.)	vollenden, vollbringen

Wörter nach dem Typus von διαιρετέον bezeichnet man als

Verbaladjektiva auf -τέος   G

Darunter versteht man Adjektive, die mit dem Suffix -τέος (-τέα, τέον) von Verben abgeleitet werden und eine (passivische) Notwendigkeit ausdrücken, d. h. etwas was geschehen muss, oder (im Fall der Verneinung) etwas was nicht geschehen darf, z. B. „es muss unterschieden werden"; zum zweiten griechischen Verbaladjektiv, demjenigen auf -τός, zu dem die Formen περιληπτός und δοξαστός zählen, s. u. 117.

Bemerkenswert ist an dieser Dihairese des Timaios die Unterscheidung von νόησις und δόξα sowie die Angabe ihrer Stellung zum λόγος. Eine ähnliche Unterscheidung wird man im *Timaios* später bei der Erzählung über die Entstehung der Weltseele und die Schaffung des Menschen antreffen.[77] Während das höchste Seelenvermögen, die νόησις, durch den Begriff (μετὰ λόγου) das Seiende erfasst, ist die Meinung (δόξα), gestützt auf die „sprachlose" (ἄλογος) αἴσθησις, mit der Erfassung des Werdenden betraut.

Im zweiten Teil der oben ausgeschriebenen Passage liest man Begriffe, die schon vom Anfang des platonischen Corpus her bekannt sind (vgl. *Euthyphron* 6e): In seiner Frage nach dem ὅσιον wollte Sokrates wissen, auf welche Idee (ἰδέαν) er hinblicken (ἀποβλέπων) solle, damit er sie als Beispiel (παραδείγματι) gebrauchen (χρώμενος) könne, um etwas als fromm zu erklären (φῶ).

Die Wortwahl hier ist eine ähnliche, wobei man sich ontologisch auf einer höheren Stufe befindet: Es ist von dem schon erwähnten Demiurgen die Rede, welcher auf das immer gleich Bleibende hinblickt (βλέπων) und dieses als Beispiel (παραδείγματι) gebraucht (προσχρώμενος), wenn er eine Idee (ἰδέαν) herstellt (ἀπεργάζηται). Der Unterschied zu Sokrates' (angestrebter) Tätigkeit im *Euthyphron* ist, dass der Demiurg nicht auf die Idee hinblickt, um *etwas als*

---

[77] Vgl. v. a. *Timaios* 37c–b.

einer Idee entsprechend bezeichnen zu können, sondern auf das ewig gleich Bleibende hinblickt, um *eine Idee selbst hervorzubringen.*

Die Form ὄντως sowie οὕτως sind Adverbien.

Adverb	G

Die von Adjektiven abgeleiteten Adverbien werden im Griechischen im Regelfall mit der Endung -ως gebildet.

Timaios erzählt in seiner Rede, dass der Demiurg alles zu seinem ihm eigentümlichen Ziel und Ende (τέλος) durch seinen Hinblick auf das Ewige hervorbringt, wobei er Götter entstehen lässt, die ihrerseits mit der Schaffung der Menschen beauftragt werden, die dann ebenfalls in gewisser Weise Anteil am Ewigen haben, nämlich durch ihren νοῦς.
Eine intensiv rezipierte Stelle aus dem *Timaios*[78] ist die Erzählung über die Einrichtung der Zeit (37d), die als Abschluss dieses Kapitels noch angeführt sei:

ἡ μὲν οὖν τοῦ ζῴου φύσις ἐτύγχανεν οὖσα αἰώνιος, καὶ τοῦτο μὲν δὴ τῷ γεννητῷ παντελῶς προσάπτειν οὐκ ἦν δυνατόν· εἰκὼ δ' ἐπινοεῖ κινητόν τινα αἰῶνος ποιῆσαι, καὶ διακοσμῶν ἅμα οὐρανὸν ποιεῖ μένοντος αἰῶνος ἐν ἑνὶ κατ' ἀριθμὸν ἰοῦσαν αἰώνιον εἰκόνα, τοῦτον ὃν δὴ χρόνον ὠνομάκαμεν.

Nun war aber die Natur des höchsten Lebendigen eine ewige, und diese auf das Entstandene vollständig zu übertragen war eben nicht möglich; aber ein bewegtes Bild der Ewigkeit beschließt er zu machen, und bildet, um zugleich dadurch dem Weltgebäude seine innere Einrichtung zu geben, von der in der Einheit beharrenden Ewigkeit ein nach der Vielheit der Zahl sich fortbewegendes dauerndes Abbild, nämlich eben das, was wir Zeit genannt haben.
(F. Susemihl, Übers.)

---

[78] Der *Timaios* ist im Übrigen das einzige Werk Platons, welches dem lateinischen Mittelalter genauer bekannt war (durch die Übersetzung des Chalcidius).

6. Der Mythos von den Kugelmenschen

Den Abschluss des Kapitels über Platon soll ein Mythos bilden: In vielen Dialogen Platons werden Mythen erzählt, deren Funktion Gegenstand zahlreicher Untersuchungen ist.[79] Im Folgenden wird derjenige wiedergeben, der in besonders anschaulicher Weise ein Phänomen des menschlichen Lebens zu erzählen weiß.

Im *Symposion*, Platons großem Kunstwerk über den Eros, bringt der Komödiendichter Aristophanes folgende Geschichte vor (189d–191d):

Zuerst aber müßt ihr die menschliche Natur und deren Begegnisse recht kennen lernen. Nämlich unsere ehemalige Natur war nicht dieselbige wie jetzt, sondern ganz eine andere. Denn erstlich gab es drei Geschlechter von Menschen, nicht wie jetzt nur zwei männliches und weibliches, sondern es gab noch ein drittes dazu welches das gemeinschaftliche war von diesen beiden, dessen Name auch noch übrig ist, es selbst aber ist verschwunden. Mannweiblich nämlich war damals das eine, Gestalt und Benennung zusammengesetzt aus jenen beiden, dem männlichen und weiblichen, jetzt aber ist es nur noch ein Name der zum Schimpf gebraucht wird. Ferner war die ganze Gestalt eines jeden Menschen rund, so daß Rücken und Brust im Kreise herumgingen. Und vier Hände hatte jeder und Schenkel ebenso viel als Hände, und zwei Angesichter auf einem kreisrunden Halse einander genau ähnlich, und einen gemeinschaftlichen Kopf für beide einander gegenüberstehende Angesichter, und vier Ohren, auch zweifache Schamteile, und alles übrige wie es sich hieraus ein Jeder weiter ausbilden kann. Er ging aber nicht nur aufrecht wie jetzt, nach welcher Seite er wollte, sondern auch wenn er schnell wohin strebte, so konnte er, wie die Radschlagenden jetzt noch indem sie die Beine gerade im Kreise herumdrehen das Rad schlagen, eben so auf seine acht Gliedmaßen gestützt sich sehr schnell im Kreise fortbewegen. Diese drei Geschlechter gab es aber deshalb weil das männliche ursprünglich der Sonne Ausgeburt war, und das weibliche der Erde, das an beidem teilhabende aber des Mondes, der ja auch selbst an beiden Teil hat. Und kreisförmig waren sie selbst und ihr Gang, um ihren Erzeugern ähnlich zu sein. An Kraft und Stärke nun waren sie gewaltig und hatten auch große Gedanken, und was Homeros vom Ephialtes und Otos sagt, das ist von ihnen zu verstehen, daß sie sich einen Zugang zum Himmel bahnen wollten um die Götter anzugreifen. Zeus also und die anderen Götter ratschlagten, was sie ihnen tun sollten, und wußten nicht was. Denn es war weder tunlich sie zu töten, und wie die Giganten sie niederdonnernd das ganze Geschlecht wegzuschaffen, denn so wären ihnen auch die Ehrenbezeugungen und die Opfer der Menschen mit weggeschafft worden, noch konnten sie sie lassen weiter freveln. Mit Mühe endlich hatte sich Zeus etwas ersonnen und sagte, Ich glaube nun ein Mittel zu haben wie es noch weiter Menschen geben kann, und sie doch aufhören müssen mit ihrer Ausgelassenheit, wenn sie nämlich schwächer geworden sind. Denn jetzt, sprach er, will ich sie jeden in zwei Hälften zerschneiden, so werden sie schwächer sein, und doch zugleich uns nützlicher,

---

[79] Für eine Zusammenstellung der Mythen vgl. Platons Mythen. Ausgewählt und eingeleitet von B. Kytzler, Frankfurt a. M.-Leipzig 1997.

weil ihrer mehr geworden sind, und aufrecht sollen sie gehen auf zwei Beinen. Sollte ich aber merken, daß sie noch weiter freveln und nicht Ruhe halten wollen, so will ich sie, sprach er, noch einmal zerschneiden, und sie mögen dann auf einem Beine fortkommen wie ein Kreisel. Dies gesagt zerschnitt er die Menschen in zwei Hälften, wie wenn man Früchte zerschneidet um sie einzumachen, oder wenn sie Eier mit Haaren zerschneiden. Sobald er aber einen zerschnitten hatte befahl er dem Apollon ihm das Gesicht und den halben Hals herumzudrehen nach dem Schnitte hin, damit der Mensch seine Zerschnittenheit vor Augen habend sittsamer würde, und das übrige befahl er ihm auch zu heilen. Dieser also drehte ihm das Gesicht herum, zog ihm die Haut von allen Seiten über das was wir jetzt den Bauch nennen herüber, und wie wenn man einen Beutel zusammenzieht faßte er es in eine Mündung zusammen, und band sie mitten auf dem Bauche ab, was wir jetzt den Nabel nennen. Die übrigen Runzeln glättete er meistenteils aus und fügte die Brust einpassend zusammen, mit einem solchen Werkzeuge, als womit die Schuster über dem Leisten die Falten aus dem Leder ausglätten, und nur wenige ließ er stehen um den Bauch und Nabel zum Denkzeichen des alten Unfalls. Nachdem nun die Gestalt entzweigeschnitten war, sehnte sich jedes nach seiner andern Hälfte und so kamen sie zusammen, umfaßten sich mit den Armen und schlangen sich in einander, und über dem Begehren zusammen zu wachsen, starben sie aus Hunger und sonstiger Fahrlässigkeit, weil sie nichts getrennt von einander tun wollten. War nun die eine Hälfte tot und die andere blieb übrig, so suchte sich die übrig gebliebene eine andere und umschlang sie, mochte sie nun die Hälfte einer ehemaligen ganzen Frau treffen, was wir jetzt eine Frau nennen, oder auf die eines Mannes, und so kamen sie um. Da erbarmte sich Zeus, und gab ihnen ein anderes Mittel an die Hand, indem er ihnen die Schamteile nach vorne verlegte, denn vorher trugen sie auch diese nach außen, und erzeugten nicht eines in dem andern sondern in die Erde wie die Zikaden. Nun aber verlegte er sie ihnen nach vorne, und bewirkte vermittelst ihrer das Erzeugen in einander, in dem weiblichen durch das männliche, deshalb damit in der Umarmung, wenn der Mann eine Frau träfe, sie zugleich erzeugten und Nachkommenschaft entstände, wenn aber ein Mann den andern, sie doch eine Befriedigung hätten durch ihr Zusammensein und erquickt sich zu ihren Geschäften wenden und was sonst zum Leben gehört besorgen könnten. Von so langem her also ist die Liebe zu einander den Menschen angeboren, um die ursprüngliche Natur wiederherzustellen, und versucht aus zweien eins zu machen und die menschliche Natur zu heilen.
(F. Schleiermacher, Übers.).

Übungen – Teil 2

1. Was ist das „Tempus", der Modus, die Person, Zahl und Diathese folgender Verbformen?

γέγονεν, ἐγγίγνεται, ἐννενόηκας, φής, γέγραπται, καταγνώσομαι, ἐπωνομάσθη, δηλοῖ, ἦτε

2. Wie lautet die entsprechende Form des angegebenen Verbs?

(Perf. Ind.)
1. Ps. Pl. akt. zu φύω
2. Ps. Pl. med. zu γράφω

3. Ps. Sg. med. zu πραγματεύομαι
1. Ps. Sg. akt. zu γίγνομαι

(Futur Ind.)
3. Ps. Pl. med. zu γιγνώσκω
(1. Ps. Sg. Futur: γνώσομαι)

3. Ps. Sg. med. zu προαιρέω
(1. Ps. Sg. Futur: προαιρήσω)

(Impf. med.-pass.)
1. Ps. Sg. zu διακελεύομαι

3. Ps. Sg. zu σημαίνω

(Konj. Präs.)
3. Ps. Sg. akt. zu πράττω

3. Ps. Pl. zu εἶναι

(Aor. Ind.)
1. Ps. Sg. pass. zu καλέω

3. Ps. Sg. akt. zu δοκέω

3. Um welchen Fall und um welche Zahl handelt es sich bei den folgenden Nominalformen?

διατριβάς, γένεσιν, δόξῃ, αὐτός, ἀγαθοῦ, ὁσίων, ὄψις, ἰδέαν, λόγοις, δικαιοσύνης, οὐδενός

4. Wie kann folgender Satz ins Deutsche übersetzt werden?

οὐδεμίαν πρᾶξιν δηλοῖ τὰ φωνηθέντα, πρὶν ἄν τις τοῖς ὀνόμασι τὰ ῥήματα κεράσῃ.

III. Aristoteles

Vorbemerkungen

a) Zitierweise

Was für die Werke Platons die Stephanus-Ausgabe ist, stellt für Aristoteles' Schriften die sog. „Bekker-Ausgabe" dar. Immanuel Bekker gab im Auftrag der Preußischen Akademie der Wissenschaften im Jahr 1831 die uns überlieferten Schriften des Aristoteles heraus.[80] Nach dieser zunächst zweibändigen Ausgabe, deren Seiten zweispaltig mit Zeilennummerierung gestaltet sind, werden heute in der Regel Aristotelesstellen zitiert, und zwar unter Angabe der betreffenden Seiten-, Spalten- und (meist) Zeilenzahl (zusätzlich zum Titel des jeweiligen Werkes). Oft werden auch (sofern vorhanden) die entsprechenden Buch- und Kapitelnummern angeführt.

Die Zitation „*Phys.* 184a10" beispielsweise verweist auf den Anfang der *Physik* des Aristoteles, „184" gibt die betreffende Seite der Bekker-Ausgabe an, „a" die Spalte und „10" die Zeile.[81] Ein solches Zitat kann durch die Zeichen „I 1" oder „A 1" ergänzt sein, die auf das erste Buch („I" bzw. „A") und das erste Kapitel („1") hinweisen, also „*Phys.* A 1, 184a10" oder „*Phys.* I 1, 184a10".

Zu den zwei von Bekker herausgegebenen Bänden kam im Jahr 1987 ein dritter, von Olof Gigon zusammengestellter Band mit Fragmenten verlorener Werke des Aristoteles.[82]

b) Hilfsmittel, Übersetzungen, Kommentare

Als Band fünf dieser Gesamtausgabe (Band vier enthält Scholien, d. h. antike Erklärungen zu Aristoteles) wird der im Jahr 1870 von Hermann Bonitz veröffentlichte *Index Aristotelicus* gezählt,[83] welcher eines der primären Hilfsmittel

---

[80] S. Lit.verz. Nr. 15.
[81] Wie für Platon die Stephanus-Zählung, so vermerken im Fall der Schriften des Aristoteles beinahe alle modernen Ausgaben und Übersetzungen die Bekker-Zählung.
[82] S. Lit.verz. Nr. 16.
[83] S. Lit.verz. Nr. 18.

im Umgang mit dem griechischen Text der aristotelischen Schriften darstellt und die Belegstellen der einzelnen von Aristoteles verwendeten Wörter in seinen Werken verzeichnet.

An Übersetzungen sind zunächst die geistesgeschichtlich bedeutsamen lateinischen Übertragungen zu nennen.[84] Bei diesen handelt es sich einerseits um Übertragungen aus der Spätantike, deren Urheber uns zum Teil namentlich bekannt sind (wie z. B. Boethius), andererseits um (großteils anonyme) Übersetzungen aus der Zeit der Scholastik, die teilweise Übersetzungen aus dem Arabischen sind, und schließlich um Übersetzungen aus der Renaissancezeit. Eine umfassende wissenschaftliche Ausgabe dieser Übersetzungen, des sog. *Aristoteles Latinus*, wurde im Jahr 1939 von der Union Académique Internationale begonnen.[85]

Ein umfassendes deutsches Übersetzungsprojekt stellt die von Ernst Grumach begründete und von Hellmut Flashar herausgegebene Edition des aristotelischen Corpus mit dem Titel *Werke in deutscher Übersetzung* dar.[86] Diese Reihe bietet Übersetzungen der Schriften des Aristoteles mit ausführlichen Kommentarteilen.

An Kommentaren zu Aristoteles sind – wiederum aufgrund ihrer geistesgeschichtlichen Bedeutung – zunächst die griechischen Kommentare zu Aristoteles zu nennen, die großteils aus der Spätantike stammen. Eine wissenschaftliche Edition dieser Kommentare wurde von der Berliner Akademie der Wissenschaften veranstaltet. Englische Übersetzungen dieser Kommentare findet man in der Reihe *The Ancient Commentators on Aristotle*, herausgegeben von Richard Sorabji. Diese Reihe umfasst auch englische Übersetzungen lateinisch überlieferter Kommentare.

An neueren Kommentaren seien die Arbeiten von Sir W. David Ross genannt, der unter anderem die *Physik* und *Metaphysik* des Aristoteles kommentierte.[87] Für den deutschsprachigen Raum kann man im philosophischen Kontext auf die Vorlesungen Martin Heideggers zu Aristoteles verweisen.[88]

---

[84] Vgl. dazu Ch. H. Lohr, F. Ricken, s. v. Aristotelismus, Der neue Pauly 13 (1999) [65], 251–265.

[85] S. Lit.verz. Nr. 20.

[86] S. Lit.verz. Nr. 21.

[87] S. Lit.verz. Nr. 23; 22.

[88] Vgl. u. a.: Phänomenologische Interpretationen zu Aristoteles. Einführung in die phänomenologische Forschung (Wintersemester 1921/22), GA 61, W. Bröcker und K. Bröcker-Oltmanns (Hg.), Frankfurt a. M. ²1994; Grundbegriffe der aristotelischen Philosophie (Sommersemester 1924), GA 18, M. Michalski (Hg.), Frankfurt a. M. 2002; Grundbegriffe der antiken Philosophie (Sommersemester 1926), GA 22, F.-K. Blust (Hg.), Frankfurt a. M. 1993;

c) Übersicht über die Schriften des Aristoteles

Von Aristoteles' Schriften ist uns sozusagen der komplementäre Teil zu Platons Werken erhalten. Während die sog. „exoterischen" (ἐξωτερικός „äußerlich"), d. h. die veröffentlichten Schriften des Aristoteles beinahe zur Gänze verloren sind, haben wir seine sog. „esoterischen" Schriften (ἐσωτερικός „innerlich"), d. h. Lehrschriften, die zunächst für den Unterrichtsbetrieb des Peripatos gedacht waren. Wir besitzen jedoch Berichte, wonach Aristoteles ebenso wie Platon Dialoge und andere Texte verfasst habe, die an eine breitere Öffentlichkeit gerichtet waren.[89] Ein in der Antike berühmtes aristotelisches Werk dieser Art war der *Protreptikos* („Hinwendungsschrift", sc. zur Philosophie), dessen Rekonstruktion aus verschiedenen Werken späterer Philosophen neben anderen Sir Ingram Bywater und Ingemar Düring versuchten.[90]

Aristoteles' Werke sind nicht nur nicht vollständig überliefert, sondern von den unter seinem Namen tradierten Texten werden Teile oder ganze Werke für unecht gehalten.[91]

Des Weiteren muss man sich beim Umgang mit den Schriften des Aristoteles bewusst sein, dass die meisten Titel seiner Werke von späteren Herausgebern stammen, und die unter einem Titel zusammengefassten Bücher mitunter nicht den Eindruck erwecken, als geschlossenes Ganzes konzipiert zu sein. Diese Phänomene kann man im Besonderen bei der Beschäftigung mit den Büchern der *Metaphysik* beobachten.

Beim erhaltenen Œuvre des Aristoteles handelt es sich zumeist um Vorlesungsunterlagen oder -mitschriften, in deren Natur es liegt, dass sie mitunter an anderen Orten ausführlicher dargelegte Sachverhalte sehr verknappt formulieren, oder dass sie manche Doppelungen enthalten.

Einen ersten Überblick über diese Texte kann die bei Bekker anzutreffende Reihenfolge geben (in der linken Spalte sind die griechischen, in der mittleren

---

Die Grundprobleme der Phänomenologie (Sommersemester 1927), GA 24, F.-W. von Herrmann (Hg.), Frankfurt a. M. ³1997; Aristoteles, Metaphysik Θ 1–3. Von Wesen und Wirklichkeit der Kraft (Sommersemester 1931), GA 33, H. Hüni (Hg.), Frankfurt a. M. ²1990.

[89] Vgl. Düring, Aristoteles [31], 32–34; 555.

[90] Zur Forschungsgeschichte vgl. I. Düring, Aristotle's Protrepticus. An Attempt at Reconstruction, Göteborg 1961, 12–14; vgl. auch Aristoteles, Der Protreptikos. Einleitung, Text und Kommentar von I. Düring, Frankfurt a. M. ²1993; Aristoteles, Protreptikos. Hinführung zur Philosophie. Rekonstruiert, G. Schneeweiss (Übers., Komm.), Darmstadt 2005.

[91] Vgl. u. a. die Diskussionen um die drei unter seinem Namen überlieferten *Ethiken*, s. u. Anm. 118.

die lateinischen Werktitel angegeben; in der rechten Spalte finden sich deutsche Übersetzungen der Titel)[92]:

Organon

Κατηγορίαι	Categoriae (Cat.)	Kategorien
περὶ ἑρμηνείας	De interpretatione (Int.)	Hermeneutik (Vom sprachlichen Ausdruck)
Ἀναλυτικὰ πρότερα	Analytica priora (APr.)	Erste Analytik (Lehre vom Schluss)
Ἀναλυτικὰ ὕστερα	Analytica posteriora (APo.)	Zweite Analytik (Lehre vom Beweis)
Τοπικά	Topica (Top.)	Topik
περὶ σοφιστικῶν ἐλέγχων	Sophistici elenchi (SE)	Sophistische Widerlegungen
Φυσικὴ ἀκρόασις	Physica (Ph.)	Vorlesung zur Physik
περὶ οὐρανοῦ	De caelo (Cael.)	Über den Himmel
περὶ γενέσεως καὶ φθορᾶς	De generatione et corruptione (GC)	Über Werden und Vergehen
Μετεωρολογικά	Meteorologica (Mete.)	Über Himmelserscheinungen
περὶ ψυχῆς	De anima (de An.)	Über die Seele

Parva naturalia

περὶ αἰσθήσεως καὶ αἰσθητῶν	De sensu et sensato (Sens.)	Über Wahrnehmung und Gegenstände der Wahrnehmung
περὶ μνήμης καὶ ἀναμνήσεως	De memoria et reminiscentia (Mem.)	Über Gedächtnis und Erinnerung
περὶ ὕπνου καὶ ἐγρηγόρεως	De somno et vigilia (Somn.Vig.)	Über Schlafen und Wachen
περὶ ἐνυπνίων καὶ τῆς καθ' ὕπνον μαντικῆς	De insomniis (Insomn.) De divinatione per somnum (Div.Somn.)	Über Traumdeutung

---

[92] Die angegebenen Abkürzungen sind diejenigen, welche im „Liddell-Scott" verwendet werden (s. o. Anm. 50).

περὶ μακροβιότητος καὶ βραχυβιότητος	De longitudine et brevitate vitae (Long)	Über die Länge und Kürze des Lebens
περὶ νεότητος καὶ γήρως καὶ	De iuventute et senectute,	Über Jugend und Alter
περὶ ζωῆς καὶ θανάτου	De vita et morte (Juv.)	Über Leben und Tod
περὶ ἀναπνοῆς	De respiratione (Resp.)	Über die Atmung
περὶ τὰ ζῷα ἱστορίαι	Historia animalium (HA)	Tiergeschichte
περὶ ζῴων μορίων	De partibus animalium (PA)	Über die Teile der Tiere
περὶ ζῴων κινήσεως	De motu animalium (MA)	Über die Bewegung der Tiere
περὶ πορείας ζῴων	De incessu animalium (IA)	Über die Fortbewegung der Tiere
περὶ ζῴων γενέσεως	De generatione animalium (GA)	Über die Entstehung der Tiere
Τὰ μετὰ τὰ φυσικά	Metaphysica (Metaph.)	Metaphysik
Ἠθικὰ Νικομάχεια	Ethica Nicomachea (EN)	Nikomachische Ethik
Ἠθικὰ Μεγάλα	Magna Moralia (MM)	Große Ethik
Ἠθικὰ Εὐδήμεια	Ethica Eudemia (EE)	Eudemische Ethik
Πολιτικά	Politica (Pol.)	Politik
Ῥητορικὴ τέχνη	Ars rhetorica (Rh.)	Rhetorik
περὶ ποιητικῆς	De arte poetica (Po.)	Poetik

Aus dieser Übersicht ist ablesbar, mit welcher Fülle an Themen sich Aristoteles (geb. 384 v. Chr. in Stageira, gest. 322 v. Chr. in Chalkis auf Euboia) auseinandergesetzt und welche Menge an Detailproblemen er untersucht hat. Alsbald wurde das aristotelische Corpus als System aufgefasst, sowohl in der neuplatonischen Philosophie, dem arabischen Aristotelismus oder auch in der Scholastik. Die verschiedenen Einteilungen von Aristoteles' Werken folgen seit der Spätantike grundsätzlich dem Schema Logik – Physik – Metaphysik – Ethik – Politik. Diese Anordnung ist mit derjenigen von Hegels *Enzyklopädie* vergleichbar, welche die große Dreigliederung Logik – Naturphilosophie – Geistphilosophie aufweist. Zweifellos darf dies aber nicht den Eindruck erwecken, dass die Schriften von Aristoteles selbst als ein solches System konzipiert waren.

Liest man das aristotelische Corpus in der hier angegebenen Reihenfolge, so begegnen einem zunächst Schriften, welche sich um den λόγος drehen. Diese Gruppe wird *Organon* genannt. Das *Organon* bildete in der Scholastik ab einem gewissen Zeitpunkt die Grundlage der Wissenschaften.[93] In ihm wird zuerst nach den Grundformen der Aussage gefragt (*Kategorien*), dann nach dem Satz und dem Urteil (*Hermeneutik*), schließlich nach dem Schluss (*Erste Analytik*) und dem Beweis (*Zweite Analytik*) sowie nach der dialektischen Argumentation (*Topik*) und den Trugschlüssen (*Sophistische Widerlegungen*).

An das *Organon* schließt die φυσικὴ ἀκρόασις an, die Vorlesung über die φύσις, den, wie man mit Hegel sagen könnte, außer sich seienden λόγος. Schon an den Titeln der darauf folgenden Schriften, die zur Gruppe der *Parva naturalia* zusammengefasst werden, sieht man, welches Ausmaß an Spezialisierung die aristotelische Lehre angenommen hat. Im Großbereich der Physik ging Aristoteles zum arbeitsteiligen Prinzip über und übertrug die Darstellung der Botanik seinem Schüler Theophrast, während er selbst die Zoologie bearbeitete.[94] In der *Physik* selbst wird hauptsächlich das Phänomen der κίνησις diskutiert und nach der ἀρχὴ τῆς κινήσεως gefragt. Diese Fragestellung schließt unter anderem auch die Frage nach Raum und Zeit ein. Die von Aristoteles in diesem Zusammenhang vorgebrachten Konzepte sind ungeachtet der an ihnen in der Neuzeit geübten Kritik durchaus bedenkenswert, da sie eine Alternative zu heute nach wie vor stark mechanistisch geprägten Weltbildern darstellen. Nicht anders steht es um die Schrift περὶ ψυχῆς, die eine von vielen modernen Wahrnehmungstheorien divergierende Konzeption der αἴσθησις vermittelt.

Auf die *Physik* folgt „das nach der Physik", die *Metaphysik*: Sie umfasst dasjenige, was in der Neuzeit gerne mit dem Ausdruck „Ontologie" bezeichnet wird, einem Begriff, den der Aristoteliker Rudolph Göckel (Rudolphus Goclenius, 1547–1628) prägte.

Die Schriften, welche auf die *Metaphysik* folgen, setzen sich mit dem auseinander, was bei Hegel der „wirkliche Geist" genannt wird, dem Umgang mit dem anderen. Zunächst wird in dreifacher Ausführung die Individualethik dargelegt, d. h. es wird erläutert, wie der einzelne zum Zustand des Glücks gelangen bzw. sich in selbigem halten kann (*Nikomachische Ethik, Eudemische Ethik, Magna Moralia*). Dann folgt die Darstellung der „Allgemeinethik", welche nach der besten Verfassung fragt (*Politik*). Zu diesem Bereich gehört in

---

[93] Vgl. dazu die unter Anm. 84 genannte Literatur.
[94] Ähnlich verfuhr er wohl auch bei dem Sammelwerk über die verschiedenen Staatsverfassungen, bei welchem er selbst die Darstellung der Ἀθηναίων Πολιτεία übernahm, die auf Papyrus erhalten ist und erstmals im Jahr 1891 veröffentlicht wurde (s. Lit.verz. Nr. 19).

gewisser Weise die *Rhetorik* als die Befähigung, das jeweils Beste durchzusetzen. Als Anhang erscheint in der angegeben Reihung aristotelischer Schriften die in ihrer Echtheit umstrittene, in der Neuzeit vielbeachtete *Poetik*.

1. *Kategorien*

Eine κατηγορία ist zunächst dasjenige, was man „jemandem auf den Kopf zusagt" oder „gegen jemanden redet", die „Anklage". Dieses Wort ist von dem Verbum κατηγορέω abgeleitet, das grundsätzlich „anklagen" bedeutet und vom *verbum simplex* ἀγορεύω „(in der Versammlung) öffentlich reden" abgeleitet ist, das sich seinerseits vom Wort ἀγορά „Versammlung, Ort der Versammlung, Markt" herleitet. Im philosophischen Kontext kann man das Wort κατηγορία mit „Aussage" übersetzen.
Die Kategorienschrift beginnt mit einer Unterscheidung von ὁμώνυμα, συνώνυμα und παρώνυμα, von „wortgleichen", „begriffsgleichen" und „abgeleiteten" Ausdrücken (1a1–12).[95] Daran schließt sich folgende Aussage (1a16–19):

τῶν λεγομένων τὰ μὲν κατὰ συμπλοκὴν λέγεται, τὰ δὲ ἄνευ συμπλοκῆς. τὰ μὲν οὖν κατὰ συμπλοκήν, οἷον ἄνθρωπος τρέχει, ἄνθρωπος νικᾷ· τὰ δὲ ἄνευ συμπλοκῆς, οἷον ἄνθρωπος, βοῦς, τρέχει, νικᾷ.

οἷον und οἷα (zu οἷος)	wie zum Beispiel
τρέχω	laufen
νικάω	siegen
(zu νίκη, ης f.	Sieg)
βοῦς, βοός m., f.	Rind, Ochse, Kuh (vgl. Bu-limie, von βου-λιμία „Ochsenhunger")

---

[95] So die entsprechende Übersetzung von Hans Günter Zekl (Aristoteles, Kategorien [27], 3).

Das Wort νικᾷ erklärt sich als Form der

verba contracta auf -άω   **G**

Ihr Indikativ Präsens lautet folgendermaßen:

Sg. 1. νικῶ   Pl. 1. νικῶμεν
    2. νικᾷς   2. νικᾶτε
    3. νικᾷ   3. νικῶσι(ν)

Infinitiv   νικᾶν

Imperativ Sg./Pl. νίκα/νικᾶτε

Oben war die Aussage aus dem *Sophistes* zu lesen, dass die Verbindung von ὄνομα und ῥῆμα die einfachste Form eines λόγος ergäbe (262c). Dies wird als die πρώτη συμπλοκή, die „erste Verknüpfung" bezeichnet. Die Verbindung von Wörtern wird also dort mit dem gleichen Begriff wie hier bezeichnet. Aristoteles befasst sich in den *Kategorien* hauptsächlich mit den λεγόμενα ἄνευ συμπλοκῆς. Bevor er zu der Aufzählung der von ihm unterschiedenen Kategorien schreitet, führt er noch eine weitere Unterscheidung an, die im Bereich der λεγόμενα gemacht werden kann und die einen für die Philosophiegeschichte zentralen Terminus enthält (1a20–29):

τῶν ὄντων τὰ μὲν καθ' ὑποκειμένου τινὸς λέγεται, ἐν ὑποκειμένῳ δὲ οὐδενί ἐστιν, οἷον ἄνθρωπος καθ' ὑποκειμένου μὲν λέγεται τοῦ τινὸς ἀνθρώπου, ἐν ὑποκειμένῳ δὲ οὐδενί ἐστιν· τὰ δὲ ἐν ὑποκειμένῳ μέν ἐστι, καθ' ὑποκειμένου δὲ οὐδενὸς λέγεται, – ἐν ὑποκειμένῳ δὲ λέγω ὃ ἔν τινι μὴ ὡς μέρος ὑπάρχον ἀδύνατον χωρὶς εἶναι τοῦ ἐν ᾧ ἐστίν, – οἷον [...] τὸ τὶ λευκὸν ἐν ὑποκειμένῳ μέν ἐστι τῷ σώματι, – ἅπαν γὰρ χρῶμα ἐν σώματι, – καθ' ὑποκειμένου δὲ οὐδενὸς λέγεται.

Ganz im Unterschied zu den im Platonkapitel gelesenen Stellen hat man hier einen Text vor sich, der (durchaus im Stil von Vorlesungen) Wiederholungen aufweist und zwei erklärende Einschübe enthält. Die grammatikalischen Hürden zum Verständnis dieses Textes sind zwar nicht übermäßig hoch, aber die richtige Auffassung der Begriffe, wie die des Wortes ὑποκείμενον (dazu unten), bereitet Schwierigkeiten.

τὸ ὑποκείμενον (ὑπόκειμαι, s. u.)	das „Zugrundeliegende"
μέρος, ους n.	Anteil, Teil (vgl. poly-mer)
ὑπ-άρχω	vorhanden sein, der Fall sein, zukommen
λευκός 3	weiß (vgl. Leuko-zyten)
σῶμα, σώματος n.	Körper, Leib (vgl. Psycho-somatik)
ἅ-πας, ασα, αν	insgesamt, sämtlich, alle
χρῶμα, χρώματος n.	Farbe (vgl. Chromatik)

Der Ausdruck τὸ ὑποκείμενον stellt die Substantivierung des Partizips des Verbs ὑπό-κειμαι dar, welches „darunter liegen", „zugrunde liegen" bedeutet. Hält man sich zusätzlich vor Augen, dass das Verbum κεῖμαι als Passiv zu τίθημι „setzen, legen" gebraucht wird, so erscheint verständlich, warum im Lateinischen der Terminus ὑποκείμενον verschiedentlich als *subiectum* (zu lat. *subicere* „unter etwas werfen od. legen"), *substantia* (zu lat. *sub* und *stare* „darunter stehen", „vorhanden sein"), oder auch als *substratum* (zu lat. *substernere* „unterstreuen", „unterlegen") übersetzt wird. Ebenso wird man im Deutschen keine eindeutige Übersetzung für diesen Terminus finden, und es scheint auch, gerade im Zusammenhang mit aristotelischen Texten, nicht geraten, einen philosophischen Terminus immer mit demselben Wort zu übersetzen, ist doch Aristoteles der Philosoph, welcher wiederholt betont, dass gewisse Begriffe „in vielfältiger Weise" (πολλαχῶς) verwendet werden. Hinsichtlich der zitierten Stelle ist evident, dass es missverständlich wäre, ὑποκείμενον mit „Substanz" zu übersetzen, da in diesem Kontext mit diesem Wort ein konkretes Einzelding gemeint ist, auf welches sich eine bestimmte Bezeichnung wie das Wort „Mensch" bezieht. Darauf weisen die wiederholt vorkommenden Formen des Indefinitpronomens hin: καθ' ὑποκειμένου **τινός**, τοῦ **τινὸς** ἀνθρώπου, τὸ **τὶ** λευκόν – mit diesen Ausdrücken ist jeweils ein „bestimmtes" Etwas gemeint, ein „bestimmter Mensch" oder das „bestimmte" Weiße.

Die eigentliche Auflistung der Kategorien lautet folgendermaßen (1b25–27):

τῶν κατὰ μηδεμίαν συμπλοκὴν λεγομένων ἕκαστον ἤτοι οὐσίαν σημαίνει ἢ ποσὸν ἢ ποιὸν ἢ πρός τι ἢ ποὺ ἤ ποτὲ ἢ κεῖσθαι ἢ ἔχειν ἢ ποιεῖν ἢ πάσχειν.

ἤτοι – ἤ	entweder – oder
ποσός 3	irgendwiegroß, -viel
ποιός 3	irgendwiebeschaffen
κεῖμαι	liegen
πάσχω (aus *πάθ-σκω)	„einen Eindruck empfangen": etw. erfahren, erleben; erleiden; „es passiert etwas" (vgl. Pathos)

Diese Unterscheidung der Kategorien hatte eine kaum zu überschätzende Wirkung in der weiteren Philosophiegeschichte, bis hin zur Kategorientafel Immanuel Kants oder der Seins- und Wesenslogik Georg Wilhelm Friedrich Hegels. Tradiert wurde diese Einteilung der Kategorien im Abendland nicht nur durch diverse Übersetzungen und Kommentare der *Kategorien* (wie durch diejenige des Boethius),[96] sondern sie fand auch Eingang in für das Mittelalter wichtige Lehrbücher, wie z. B. in Martianus Capellas Werk *De nuptiis Philologiae et Mercurii* („Die Hochzeit der Philologie und Merkurs"). Die als Hochzeitsgabe auftretende Personifikation der Dialektik trägt dort eine Zusammenfassung der aristotelischen Kategorienschrift vor (IV 362–63).

Die Bezeichnung für die erste Kategorie, das Wort οὐσία, war bereits Gegenstand des Einleitungskapitels über das Sein (s. o. 21). ποσόν und ποιόν sind Formen der indefiniten Varianten der Fragepronomen πόσος und ποῖος (letzteres ist schon im Zusammenhang mit Platons Wortschöpfung ποιότης erwähnt worden) und bezeichnen die Kategorien der Quantität und Qualität. Mit dem πρός τι sind Bezeichnungen eines Verhältnisses gemeint, wie Vater (– Sohn). Die restlichen Kategorien treten paarweise auf und geben ein wo oder wann, Liegen oder Haben, und Tun oder Erleiden an.

---

[96] Vgl. R. Thiel, Aristoteles' Kategorienschrift in ihrer antiken Kommentierung, Tübingen 2004.

2. *Hermeneutik*

Aus dem *Organon* soll noch eine Passage vorgeführt werden, die am Anfang der sog. *Hermeneutik*[97] zu lesen ist und die bis heute in zahlreichen sprachphilosophisch orientierten Denkversuchen Beachtung findet (16a3–8):

ἔστι μὲν οὖν τὰ ἐν τῇ φωνῇ τῶν ἐν τῇ ψυχῇ παθημάτων σύμβολα, καὶ τὰ γραφόμενα τῶν ἐν τῇ φωνῇ. καὶ ὥσπερ οὐδὲ γράμματα πᾶσι τὰ αὐτά, οὐδὲ φωναὶ αἱ αὐταί. ὧν μέντοι ταῦτα σημεῖα πρώτων, ταὐτὰ πᾶσι παθήματα τῆς ψυχῆς, καὶ ὧν ταῦτα ὁμοιώματα πράγματα ἤδη ταὐτά.

πάθημα, ατος n. (πάσχω)	Empfindung, Eindruck; Leiden
σύμβολον, ου n. (συμβάλλω)	Kennzeichen; Übereinkunft (vgl. Symbol)
γράμμα, ατος n. (γράφω)	Buchstabe, Schrift (vgl. Grammatik)
ὁμοίωμα, ατος n. (ὁμοῖος)	Ähnlichkeit, Abbild
πρᾶγμα, ατος n. (πράττω)	Handlung, Tat, Sache (vgl. pragmatisch)
ἤδη	eben, schon

Diese Sätze werden gerne als Ausdruck eines „naiven Realismus" betrachtet, was hier nicht diskutiert werden kann.[98] An Sprachlichem ist im ersten Satz dieses Abschnitts vor allem das Wort σύμβολον bemerkenswert. Es ist abgeleitet vom Verbum συμβάλλω „zusammenwerfen, -tun". Aus diesem Verbum lässt sich eine weitere Bedeutung des Wortes σύμβολον erklären, nämlich die Bedeutung „Erkennungszeichen" (z. B. zweier Gastfreunde) – eine Münze oder ein ähnlicher Gegenstand wurde in zwei Teile gebrochen, und jeder der zwei Gastfreunde erhielt einen davon, was bei einem späteren Treffen dieser oder

---

[97] Zu ἑρμηνεύς, έως m. „Übersetzer, Deuter, Dolmetsch".
[98] Für eine Interpretation dieser Stelle mit Hinweisen auf ihre Wirkungsgeschichte vgl. M. Flatscher, Aristoteles und Heidegger. Eine geschichtliche Besinnung auf das Phänomen Sprache, in: Pöltner, Flatscher, Heidegger und die Antike (o. Anm. 30), 97–123.

ihrer Nachkommen durch Zusammenlegen (συμβάλλειν) der Teile einen Beweis des alten Freundschaftsverhältnisses ergab.[99]

Des Weiteren macht diese Stelle noch einmal den Unterschied der Formen ταῦτα und ταὐτά deutlich. Erstere ist die neutrale Pluralform (Nom. od. Akk.) zu dem Demonstrativpronomen οὗτος, αὕτη, τοῦτο, wohingegen letztere die Verbindung des Artikels, ebenfalls in der neutralen Pluralform, mit der analogen Form des Wortes αὐτός darstellt.

Aristoteles weist unmittelbar nach dieser Stelle darauf hin, dass dieser eben genannte Umstand bereits in seiner Vorlesung *Über die Seele* besprochen wurde. Diese Schrift ist, wie aus der Übersicht von Aristoteles' Werken ersichtlich, dem Bereich der Naturphilosophie zugeordnet, dessen Anfang die Physik-Vorlesung macht.

3. *Physik*

Aus den vielfältigen Themen der aristotelischen Physikvorlesung, der in letzter Zeit wieder mehr Beachtung in der Philosophie geschenkt wird, sei hier nur eines herausgenommen. Im dritten Kapitel des zweiten Buches der *Physik* betrachtet Aristoteles die verschiedenen αἴτια (Phys. B 3, 194b23–33):

ἕνα μὲν οὖν τρόπον αἴτιον λέγεται τὸ ἐξ οὗ γίγνεταί τι ἐνυπάρχοντος, οἷον ὁ χαλκὸς τοῦ ἀνδριάντος [...]· ἄλλον δὲ τὸ εἶδος καὶ τὸ παράδειγμα, τοῦτο δ' ἐστὶν ὁ λόγος ὁ τοῦ τί ἦν εἶναι καὶ τὰ τούτου γένη [...] καὶ τὰ μέρη τὰ ἐν τῷ λόγῳ. ἔτι ὅθεν ἡ ἀρχὴ τῆς μεταβολῆς ἡ πρώτη ἢ τῆς ἠρεμήσεως, οἷον ὁ πατὴρ τοῦ τέκνου [...]. ἔτι ὡς τὸ τέλος· τοῦτο δ' ἐστὶν τὸ οὗ ἕνεκα, οἷον τοῦ περιπατεῖν ἡ ὑγίεια.

τρόπος, ου m. (τρέπω)	Wendung; Art und Weise (vgl. Tropen)
ἐν-υπάρχω	darin vorhanden sein
χαλκός, οῦ m.	Erz, Bronze (vgl. Chalko-lithikum)
ἀνδριάς, άντος m. (ἀνήρ)	Standbild, Bildsäule

---

[99] In Aristophanes' Rede in Platons *Symposion* heißt es über die Menschen nach ihrer Spaltung durch Zeus: „Jeder von uns ist also ein Symbolon eines Menschen." (ἕκαστος οὖν ἡμῶν ἐστιν ἀνθρώπου σύμβολον, 191d).

γένος, ους n.	Gattung, Art (vgl. Gen)
ὅ-θεν	von wo, woher; wodurch
μεταβολή, ῆς f.	Umschlag, Veränderung (vgl. Metabolismus)
(zu μετα-βάλλω	umwerfen; sich wenden, sich umkehren, sich verändern)
ἠρέμησις, εως f.	Ruhe, Stillstand
τέκνον, ου n.	Kind
τέλος, ους n.	Ende, Vollendung, Ziel, Zweck (vgl. Teleo-logie)
ἕνεκα + Gen. (meist nachgestellt)	wegen, um … willen
περι-πατέω	umhergehen, wandeln (vgl. Peripatos)
ὑγίεια, ας f.	Gesundheit (vgl. Hygiene)
(zu ὑγιής 2	gesund)

Man stößt im Griechischen des Öfteren auf ähnliche Formulierungen wie ἕνα τρόπον (z. B. τόνδε τὸν τρόπον), die einen *accusativus respectus* (s. o. 51) darstellen und „auf eine (irgendwie bestimmte) Weise" heißen, hier: „auf eine Weise".

Diese Stelle ist eine der Belegstellen für dasjenige, was als die Lehre von den vier *causae* (*causa materialis*, *c. formalis*, *c. efficiens*, *c. finalis*) in die Philosophiegeschichte eingegangen ist.

Die Formalursache wird hier mit zwei Wörtern benannt, die aus der Platonlektüre bekannt sind, mit εἶδος und παράδειγμα. Diese sind der λόγος, die Definition, das τί ἦν εἶναι einer Sache. τὸ τί ἦν εἶναι „das, was es war zu sein" ist eine von Aristoteles geprägte Formulierung, deren Deutung in einer Fülle von Literatur unternommen wird.[100] Eugen Dönt schreibt diesbezüglich: „die Definition gibt die das wesentliche Sein, τὸ εἶναι, betreffende Antwort auf die Frage: τί ἐστιν, ‚Was ist ein Gegenstand?', und das Imperfekt ἦν betont die Priorität des εἶδος, d. h. dessen, was in dem Gegenstand als ein immer schon und vorgängig Gegebenes realisiert ist, vor allem aber die Priorität des εἶδος im Sinne dessen, das uns berechtigt, einen Gegenstand, mag er beschaffen sein wie er will, mit demselben Begriff zu bezeichnen."[101]

---

[100] Einen ausführlichen Kommentar bietet die Dissertation von Paul Raimund Lorenz: Philologisch-philosophischer Kommentar zu Aristoteles, Metaphysik Z, Kap. 4–6, 10–11, Graz 1977.
[101] Dönt, Einleitung [26], 15.

„Ferner" (ἔτι) kann als αἴτιον bezeichnet werden der Ursprung des „Wandels" oder des „Stillstandes" – μεταβολή ist einer der aristotelischen Termini für „Bewegung", die zunächst allgemein als „Veränderung" bzw. „Umschlag", und erst in speziellerer Form als Bewegung im Sinn von Ortsveränderung (φορά) aufgefasst wird.

Die vierte und letzte Art von αἴτιον ist das τέλος. Dieses Wort bezeichnet das „Ziel" oder den „Zweck", weshalb man von „Teleologie" als der Betrachtung zielgerichteter Prozesse spricht. In obiger Stelle wird das τέλος als das οὗ ἕνεκα bezeichnet, als das „Worumwillen", welches im Griechischen sprachlich vom „Wodurch" (διὰ τί), dem vorgelagerten Grund, unterschieden werden kann. Freilich muss das Worumwillen und das Wodurch sachlich nicht immer ein Verschiedenes sein: Bei den φύσει ὄντα ist, wie das Beispiel mit Vater und Sohn zeigt, das ὅθεν ἡ ἀρχή und das τέλος dem Eidos nach identisch, worauf auch der berühmte Satz ἄνθρωπος ἄνθρωπον γεννᾷ „ein Mensch zeugt einen Menschen" hinweist. Im Bereich der τέχνῃ ὄντα hingegen sind die genannten αἴτια verschieden – beim Beispiel des Standbildes ist die ἀρχή τῆς μεταβολῆς der Künstler und das τέλος das fertige Standbild. Das von Aristoteles gewählte Exempel für ein τέλος ist die Gesundheit als Zweck des Spazierens – hier erscheint das Verbum περιπατεῖν, dessen Substantivierung[102] der Schule des Aristoteles den Namen gab: Peripatos.

4. *Über die Seele*

Zu dem Bereich der Naturphilosophie wird auch die Schrift περὶ ψυχῆς gezählt. Dieses Werk bringt in drei Büchern eine aus heutiger Sicht gänzlich eigenständige Wahrnehmungs- und Erkenntnislehre vor, deren Verschiedenheit von modernen Erkenntnistheorien dezidiert zu betonen ist.[103]

Innerhalb der modernen Philosphie zollt Hegel dieser Schrift besonderes Lob. In seiner *Enzyklopädie* schreibt er darüber: „Die Bücher des *Aristoteles* über

---

[102] περίπατος, ου m. „Spazierengehen; Säulengang".
[103] Vgl. u. a. W. Bernard, Rezeptivität und Spontaneität der Wahrnehmung bei Aristoteles. Versuch einer Bestimmung der spontanen Erkenntnisleistung der Wahrnehmung bei Aristoteles in Abgrenzung gegen die rezeptive Auslegung der Sinnlichkeit bei Descartes und Kant, Baden-Baden 1988.
Als grundlegendes Werk zum Thema Antike-Moderne-Opposition vgl. A. Schmitt, Die Moderne und Platon. Zwei Grundformen europäischer Rationalität, 2., überarbeitete Aufl., Stuttgart-Weimar 2003.

die Seele mit seinen Abhandlungen über besondere Seiten und Zustände derselben sind deswegen noch immer das vorzüglichste oder einzige Werk von spekulativem Interesse über diesen Gegenstand."[104]

Das erste in *De anima* im Detail besprochene Seelenvermögen ist die αἴσθησις, welche als αἴσθησις der ἴδια ein unmittelbar erfassendes Unterscheiden ist. Das ἴδιον eines jeden „Sinnes" oder eines jeden „Vernehmens" ist dasjenige, was von keiner anderen bemerkt werden kann (z. B. ist die Farbe das ἴδιον des Sehens). In diesem Bereich des ἴδιον kann die αἴσθησις nicht irren (B 6, 418a12). Hierin trifft sie sich mit dem νοῦς bzw. mit der νόησις τῶν ἀδιαιρέτων, dem „Denken der Ungeteilten", in dessen Bereich es keine Täuschung gibt (Γ 6, 430a26–27). Erst die αἴσθησις der κοινά, der den Sinnen gemeinsamen „*Wahr*nehmungen" wie Größe oder Gestalt, ist dem Irrtum ausgesetzt (B 6, 418a16–17), ebenso wie die σύνθεσις νοημάτων, die Verbindung von Erkenntnissen, wahr oder falsch sein kann (Γ 6, 430a27–28).

Das Seelenvermögen zwischen αἴσθησις und νοῦς ist die φαντασία: φαντασία γὰρ ἕτερον καὶ αἰσθήσεως καὶ διανοίας (Γ 3, 427b14–15) – „Die Vorstellung ist etwas anderes als Wahrnehmung und Nachdenken.".

Eine Zusammenfassung der Aussagen über die ψυχή bietet der Anfang des achten Kapitels des dritten Buchs (Γ 8, 431b20–24):

νῦν δέ, περὶ ψυχῆς τὰ λεχθέντα συγκεφαλαιώσαντες, εἴπωμεν πάλιν ὅτι ἡ ψυχὴ τὰ ὄντα πώς ἐστι πάντα· ἢ γὰρ αἰσθητὰ τὰ ὄντα ἢ νοητά, ἔστι δ᾽ ἡ ἐπιστήμη μὲν τὰ ἐπιστητά πως, ἡ δ᾽ αἴσθησις τὰ αἰσθητά· πῶς δὲ τοῦτο, δεῖ ζητεῖν.

συγ-κεφαλαιόω	zusammenfassen
(zu κεφάλαιον, ου n.	Kopf; Hauptsache)
πως	irgendwie, ungefähr

---

[104] G. W. F. Hegel, Enzyklopädie der philosophischen Wissenschaften III, Frankfurt a. M. 1970 (Theorie-Werkausgabe; 10), 11. Von Hegel ist auch eine Übersetzung des vierten und fünften Kapitels des dritten Buchs dieser Schrift erhalten, die um 1805 entstanden ist; vgl. W. Kern, Eine Übersetzung Hegels zu De anima III, 4–5, in: Hegel-Studien 1 (1961), 49–88. Hegel hat damit einen Ausschnitt aus dem in der neuzeitlichen Philosophie am meisten rezipierten dritten Buch von *De anima* übersetzt, vgl. u. a. M. Heideggers Auseinandersetzung mit diesem Buch (für die entsprechenden Stellen vgl. Dunshirn, Index zu griechischen Zitaten bei Heidegger (o. Anm. 19), 275), der im Sommersemester 1921 und Wintersemester 1922/23 gesonderte Übungen zu *De anima* abgehalten hat; vgl. A. Denker et al. (Hg.), Heidegger und Aristoteles, Freiburg-München 2007, 9–33.

αἰσθητός 3   wahrnehmbar, vernehmbar
(Verbaladj. zu αἰσθάνομαι)
νοητός 3 (Verbaladj. zu νοέω)   geistig erkennbar
ἐπιστήμη, ης f. (ἐπίσταμαι)[105]   Wissen, Kenntnis (vgl. Epistemologie)
ἐπιστητός 3   wissbar, was man wissen kann
(Verbaladj. zu ἐπίσταμαι)
δεῖ   es ist nötig
ζητέω   suchen, untersuchen

Zur Erinnerung sei gesagt, dass die Form λεχθέντα der Akkusativ (oder Nominativ) Neutrum Plural des Partizips zum θη-Aorist zu λέγω ist.
Die Konjunktivform εἴπωμεν ist hier als

coniunctivus hortativus   **G**

aufzufassen (zu lat. *hortari* „auffordern"). Dieser Konjunktiv ist einer derjenigen, welche im Hauptsatz stehen, und drückt eine Selbstaufforderung an die erste Person (meist des Plurals) aus, vgl. lat. *Gaudeamus igitur!* – „Wir wollen uns freuen!", *Ergo bibamus!* – „Lasst uns trinken!".
Wörter nach dem Typus von αἰσθητός, νοητός, ἐπιστητός bezeichnet man als

Verbaladjektiv auf -τός   **G**

Darunter versteht man Adjektive, die mit dem Suffix -τός (-τή, -τόν) von Verben abgeleitet werden und (meist) eine Bewirkbarkeit ausdrücken, z. B. „sehbar", „wahrnehmbar".
Die hier vorkommenden Verbaladjektivformen αἰσθητά und νοητά führen auch zu einem genaueren Verständnis der Aussage, die Seele sei in gewisser Weise die Dinge. Zu diesen Formen muss man die kurz nach unserer Stelle stehenden Ableitungen αἰσθητικός und ἐπιστημονικός im Auge haben (431b25–26), die „zur Wahrnehmung fähig" bzw. „zum Wissen fähig" bedeuten. Darüber hinaus muss man bedenken, dass sich Aristoteles auch an dieser Stelle des von ihm häufig genannten Begriffspaares der δύναμις und ἐντελέχεια bedient. Darauf

---

[105] ἐπίσταμαι „sich auf etw. verstehen, fähig sein; wissen". Frisk gibt zur Bedeutungsentwicklung dieses Wortes Folgendes an: „*,vor etw. stehen' > ,mit etw. konfrontiert werden, von etw. Kenntnis nehmen'?; zunächst von praktischen Berufen" (Griechisches etymologisches Wörterbuch [47], Bd. 1, 543).

zurückgreifend kann er sagen, dass der „zur Wahrnehmung fähige Teil" der Seele und der „zur Erkenntnis fähige Teil" der Seele der Möglichkeit nach „dasselbe" sind, nämlich das Wahrnehmbare und das Erkennbare (431b26–27) – somit wird verständlich, warum die Seele in gewisser Weise die Dinge ist, insofern nämlich diese wahrnehm- und erkennbar sind. Die Seele ist freilich nicht die Gegenstände selbst, sondern ihre εἴδη – „der Stein ist nicht in der Seele" (431b29). Auf diese Erörterung folgt der bekannte Vergleich der Seele mit der Hand (Γ 8, 432a1–3):

... ἡ ψυχὴ ὥσπερ ἡ χείρ ἐστιν· καὶ γὰρ ἡ χεὶρ ὄργανόν ἐστιν ὀργάνων, καὶ ὁ νοῦς εἶδος εἰδῶν καὶ ἡ αἴσθησις εἶδος αἰσθητῶν.

χείρ, χειρός f.   Hand (vgl. Chir-urgie)

5. *Metaphysik*

Nach der traditionellen Anordnung folgt im Corpus der aristotelischen Schriften auf den Bereich der Physik die *Metaphysik*. Ob der Titel „Metaphysik" selbst diese Folge ausdrückt, ist umstritten. Diskutiert wird, ob der Titel Τὰ μετὰ τὰ φυσικά formell auf die Schriften „nach den Schriften der Physik" hinweist, oder ob er Fragestellungen anzeigt, welche auf diejenigen der *Physik* folgen.[106]

Mit der *Metaphysik* hat man jedenfalls ein Textkonvolut vor sich, das in stärkerem Ausmaß als die bisher genannten Vorlesungsaufzeichnungen inhomogen ist. Eine gewisse Einheit bilden die Bücher A, B, Γ, E, I, M und N. In Buch A erfolgt eine Einleitung in die Methode der πρώτη φιλοσοφία. (Als πρώτη φιλοσοφία bezeichnet Aristoteles selbst dasjenige, was später mit dem Begriff „Metaphysik", der in den Schriften des Aristoteles nicht vorkommt, benannt wurde.) In Buch B werden die wichtigsten Fragestellungen dieser πρώτη φιλοσοφία aufgezählt, die dann in Γ, E, I, M und N behandelt werden.

Zu dieser Gruppe von Büchern gehören in gewisser Weise als Ergänzung die sog. „Substanzbücher" Z, H und Θ.

---

[106] Zur Frage nach der Bedeutung des Titels „Metaphysik" vgl. D. Frede, s. v. Aristoteles, Der neue Pauly 1 (1996) [65], 1140; Aristoteles, Metaphysik. T. A. Szlezák (Übers., Einl.), Berlin 2003, VII, XXIII–XXVII.

Außerhalb dieses Zusammenhangs steht das Buch Δ, welches man als Lexikon philosophischer Begriffe bezeichnen kann. Derartige Übersichten erfreuen sich in der Antike offensichtlich großer Beliebtheit. So sind uns unter dem Namen des Aristoteles *Divisiones* („Einteilungen") und unter dem Namen seines Lehrers Platon *Definitiones* („Begriffsbestimmungen") erhalten.[107]

Ein Buch der *Metaphysik* zeigt, wie man meinen könnte, durch seinen Namen an, dass es eine spätere Hinzufügung ist, und zwar dasjenige, welches als ἄ ἔλαττον („kleineres Alpha") zitiert und von vielen für eine Nachschrift eines Schülers des Aristoteles gehalten wird. Dieses Buch ist in den modernen Ausgaben meist dem Buch A angeschlossen, woraus resultiert, dass ab diesem Buch die Zählung der Bücher mit (römischen) Zahlzeichen gegenüber der Benennung mit griechischen Buchstaben um eine Zahl verschoben ist. Während der griechische Buchstabe B als Zeichen für die Buchzahl normalerweise für die „zwei" steht, deutet er im Kontext der *Metaphysik* auf Buch III hin, bzw. wird das berühmte Buch Λ, in welchem der Unbewegte Beweger näher thematisiert wird, als Buch 12 der *Metaphysik* gezählt.[108] Vor dem Buch Λ steht das als letztes in dieser Übersicht über die Bücher der *Metaphysik* zu erwähnende Buch K, welches einige Fragen der *Physik* aufgreift und zusammenfassend behandelt.

a) Der erste Satz der *Metaphysik*

Sprichwörtlich geworden ist der erste Satz der *Metaphysik* (A 1, 980a21):

πάντες ἄνθρωποι τοῦ εἰδέναι ὀρέγονται φύσει.

εἰδέναι	*Inf. zu*
οἶδα (Perf. zu εἴδω)	wissen, verstehen, kennen
ὀρέγομαι med. + Gen.	sich (aus)strecken, nach etw. langen; nach etw. streben, begehren
(vgl. ὄρεξις, εως f.	Streben, Begierde, Appetit)
φύσις, εως f. (φύω)	das Gewordensein, Natur

---

[107] Deutsche Übersetzungen dieser Pseudepigrapha bietet Zekl, Kategorien [27], 189–245.
[108] Vgl. Aristoteles, Metaphysik XII. Übersetzung und Kommentar von H.-G. Gadamer, 2., ergänzte Aufl., Frankfurt a. M. 1970.

οἶδα „wissen"   **G**

Der hier von der Verbalform ὀρέγονται abhängige substantivierte Infinitiv εἰδέναι gehört zu dem Verbum οἶδα, welches eine Perfektbildung zum Stamm Ϝιδ- ist und eigentlich „ich habe gesehen" bedeutet; verwandt ist dieses Wort sowohl mit lat. *videre* als auch mit dt. „wissen". Sein als Präsens verwendeter Indikativ Perfekt lautet:

        Sg. 1. οἶδα   Pl. 1. ἴσμεν
             2. οἶσθα   2. ἴστε
             3. οἶδε(ν)   3. ἴσασι

Das Substantiv φύσις ist vom Verbum φύω abgeleitet und bedeutet etwa „das Gewordensein", wird aber im Deutschen meist nach seiner lateinischen Übersetzung als „Natur" (lat. *natura*, zu *nascor* „geboren werden") wiedergegeben.

b) Eine Bestimmung des Philosophen

Dieses im ersten Satz der *Metaphysik* genannte Streben nach Wissen findet in den verschiedensten Bereichen des menschlichen Lebens Betätigung. Von demjenigen, der sich in einem bestimmten Gebiet am besten auskennt, wird Folgendes verlangt (Γ 3, 1005b8–11):

προσήκει δὲ τὸν μάλιστα γνωρίζοντα περὶ ἕκαστον γένος ἔχειν λέγειν τὰς βεβαιοτάτας ἀρχὰς τοῦ πράγματος, ὥστε καὶ τὸν περὶ τῶν ὄντων ᾗ ὄντα τὰς πάντων βεβαιοτάτας. ἔστι δ᾽ οὗτος ὁ φιλόσοφος.

προσ-ήκει (unpers.) + AcI	es gehört sich
μάλιστα (Sup. zu μάλα „sehr")	am meisten, ganz besonders
γνωρίζω	(er)kennen, sich auskennen
βέβαιος 3 u. 2	fest, feststehend, zuverlässig, sicher
ὥστε	sodass
ᾗ	als, insofern (lat. *qua*)

φιλό-σοφος 2   die Weisheit liebend, philosophisch; Philosoph[109]

Bemerkenswert ist die Formulierung περὶ τῶν ὄντων ᾗ ὄντα „über die Seienden als Seiende". Im Lateinischen wird dieses ᾗ, welches der Dativ Sg. f. zu ὅς, ἥ, ὅ ist, mit dem Wort *qua* übersetzt.

Die Erkenntnis der Seienden qua Seienden kommt, so heißt es hier, dem Philosophen zu. In weiterer Folge erläutert Aristoteles, wie die geforderte βεβαιοτάτη ἀρχή beschaffen sein muss (Γ 3, 1005b11–14):

βεβαιοτάτη δ᾽ ἀρχὴ πασῶν περὶ ἣν διαψευσθῆναι ἀδύνατον· γνωριμωτάτην τε γὰρ ἀναγκαῖον εἶναι τὴν τοιαύτην [...] καὶ ἀνυπόθετον.

διαψευσθῆναι	*Aor. pass. Inf. zu*
δια-ψεύδομαι pass. (ψεῦδος)	sich täuschen
γνώριμος 2 (vgl. γιγνώσκω)	verständlich, fasslich
ἀναγκαῖος 3 u. 2 (ἀνάγκη)	notwendig
ἀνυπόθετος 2	ohne Voraussetzung, voraussetzungslos[110]

Das Wort ἀνυπόθετος ist wiederum ein Verbaladjektiv auf -τός, gebildet zu ὑποτίθημι „darunter legen, *med.* sich etw. unterlegen". Das Verbaladjektiv auf -τός kann neben dem *Bewirkbaren* auch das *Bewirkte*, wie z. B. hier das „nicht Vorausgesetze", ausdrücken (vgl. χριστός „der Gesalbte").

Diese fasslichste, notwendige und voraussetzungslose ἀρχή ist folgende:

---

[109] Es wird diskutiert, inwiefern das Hauptwort Philosoph von Platon entscheidend geprägt wurde. So ist zwar überliefert, dass Pythagoras sich als erster Philosoph genannt hat, doch wird mitunter die Bezeugung dieser Geschichte durch Herakleides Pontikos so gedeutet, dass dieser sie bereits platonisch überformt habe. In dieser Hinsicht einflussreich war der Aufsatz von W. Burkert, Platon oder Pythagoras? Zum Ursprung des Wortes „Philosophie", Hermes 88 (1960), 159–177. Eine Übersicht über die Diskussion bietet Ch. Riedweg, Zum Ursprung des Wortes ‚Philosophie' oder Pythagoras von Samos als Wortschöpfer, in: A. Bierl, A. Schmitt, A. Willi (Hg.), Antike Literatur in neuer Deutung (Festschrift für J. Latacz anlässlich seines 70. Geburtstages), München-Leipzig 2004, 147–181.

[110] Zum Voraussetzungslosen als dem Ziel der philosophischen Bemühung vgl. das Liniengleichnis in Platons *Politeia* (v. a. 510b, 511b).

c) Der Satz vom Widerspruch (Γ 3, 1005b19–20)

τὸ γὰρ αὐτὸ ἅμα ὑπάρχειν τε καὶ μὴ ὑπάρχειν ἀδύνατον τῷ αὐτῷ καὶ κατὰ τὸ αὐτό.

ὑπ-άρχω	anfangen; von unten wachsen, hervorgehen; zukommen, der Fall sein

Im auf diese Stelle folgenden Kapitel erklärt Aristoteles, dass man für diesen Satz keinen Beweis suchen dürfe, da man hierbei in einen unendlichen Regress geriete (Γ 3, 1006a6–9):

ἔστι γὰρ ἀπαιδευσία τὸ μὴ γιγνώσκειν τίνων δεῖ ζητεῖν ἀπόδειξιν καὶ τίνων οὐ δεῖ· ὅλως μὲν γὰρ ἁπάντων ἀδύνατον ἀπόδειξιν εἶναι (εἰς ἄπειρον γὰρ ἂν βαδίζοι […]).

ἀπαιδευσία, ας f. (ἀ-παίδευτος „nicht gebildet")	Unerzogenheit, Rohheit
ἀπόδειξις, εως f. (ἀπο-δείκνυμι, s. u.)	Aufweis, Darstellung, Nachweis, Beweis, Demonstration
ὅλως (Adv. zu ὅλος, s. u.)	gänzlich, überhaupt (vgl. Hologramm)
βαδίζω	wandeln, gehen

Das Substantiv ἀπόδειξις gehört zum Verbum ἀποδείκνυμι „auf-zeigen, darlegen" (mit dem *verbum simplex* δείκνυμι ist, wie oben angemerkt, lat. *dicere* „sagen" verwandt). Das Adverbium ὅλως gehört zu dem Wort ὅλος „ganz, all", welches aus Fremdwörtern wie „holistisch" oder „Holo-gramm" bekannt ist. Erinnert sei hier an die Verbindung von ἄν mit Optativ (βαδίζοι), die einen Potentialis darstellt (s. o. 37).

d) Die mannigfache Bedeutung des Seienden

Eine für die Ontologie des 20. Jahrhunderts nicht weniger bedeutende Aussage als der Satz des Widerspruchs ist diejenige, welche am Anfang des Buches Z der *Metaphysik* steht (Z 1, 1028a10):

τὸ ὂν λέγεται πολλαχῶς.

In welchen Weisen das ὂν gesagt wird, steht im siebenten Kapitel des Buches Δ verzeichnet (1017a7– b9).
Das Wort πολλαχῶς wurde bereits genannt (s. o. 110). Es zeigt an, dass der Gehalt eines Begriffs nicht auf eine einzige Bedeutung festgelegt werden darf. Zu diesem Satz kann in Hinblick auf die Philosophiegeschichte angemerkt werden, dass Franz Brentano seine Dissertation dem Thema *Von der mannigfachen Bedeutung des Seienden nach Aristoteles* (Freiburg i. B. 1862) widmete. Ein Exemplar dieser Arbeit erhielt der achtzehnjährige Martin Heidegger von seinem damaligen Mentor Conrad Gröber zum Geschenk.

e) δύναμις – ἐνέργεια – ἐντελέχεια

Ebenfalls im Eingangskapitel eines der sog. „Substanzbücher" steht die Bestimmung eines für Aristoteles' Philosophie zentralen Begriffspaares.
Am Beginn des ersten Kapitels des Buches Θ sagt Aristoteles zusammenfassend, dass er nun über die οὐσία und die über sie ausgesagten Kategorien gesprochen habe. Dann erwähnt er einen neuen Aspekt des ὂν (Θ 1, 1045b32– 34):

ἐπεὶ δὲ λέγεται τὸ ὂν τὸ μὲν τὸ τὶ ἢ ποιὸν ἢ ποσόν, τὸ δὲ κατὰ δύναμιν καὶ ἐντελέχειαν καὶ κατὰ τὸ ἔργον, …

ἐπεί	nachdem, da; weil
ἐντελέχεια, ας f.	~ (vollendete) Wirklichkeit
ἔργον, ου n.[111]	„Werk", Leistung, Tat, Arbeit

---

[111] Das ἔργον ist bei Aristoteles ein zentraler Terminus seiner Naturphilosophie und teleologischen Ethik. Er wird zumindest in zweifacher Hinsicht verwendet: Einerseits kann er das Werk als Resultat einer Tätigkeit bezeichnen, das über diese Tätigkeit hinaus wirkt, wie beispielsweise ein Haus oder die Gesundheit über den Hausbau oder den Kuraufenthalt hinaus wirken

Diese zweite Gruppe möglicher Aussagen über das ὄν bezieht sich auf die Begriffe δύναμις, ἐντελέχεια und ἔργον. Der Ausdruck δύναμις bezeichnet grob gesprochen nicht eine allgemeine Möglichkeit irgendeiner Sache, sondern die konkrete Fähigkeit einer bestimmten Sache. In diesem Sinn war in *De anima* zu lesen, dass die Seele z. B. die konkrete „Möglichkeit" zur „Wahrnehmung" enthält, weshalb sie als αἰσθητική bezeichnet werden kann (s. o. 117). Dabei sind die δυνάμει ὄντα der ἐντελέχεια nachgeordnet, sie werden durch ἐντελεχείᾳ ὄντα bewirkt (vgl. *De generatione animalium* 734a30).

Der Terminus ἐντελέχεια, ein von Aristoteles geprägtes Wort, erfuhr zahlreiche Interpretationen, und es gibt für ihn mehrere Erklärungsversuche: Nach Ansicht mancher Gelehrter bezeichne er die „ununterbrochene Fortdauer"; die mehrheitlich favorisierte Erklärung deutet den Terminus dagegen als Bezeichnung dessen, „was die Vollendung in sich hat", da er sich von der Wendung ἐν τέλος ἔχειν ableite. Diese Deutung birgt jedoch die Problematik in sich, wie die ἐντελέχεια von der ἐνέργεια zu differenzieren sei.[112]

Der von dem Wort ἔργον abgeleitete Ausdruck ἐνέργεια fand – ganz im Gegensatz zum Wort ἐντελέχεια – Aufnahme in vielen modernen Sprachen fand, wie beispielsweise in den Wörtern Energie oder *energy*.[113] Ein *locus classicus* zur näheren Bestimmung des Verhältnisses von ἐνέργεια und ἐντελέχεια ist ein Satz im achten Kapitel des Buches Θ (1050a21–23):

τὸ γὰρ ἔργον τέλος, ἡ δὲ ἐνέργεια τὸ ἔργον. διὸ καὶ τοὔνομα ἐνέργεια λέγεται κατὰ τὸ ἔργον, καὶ συντείνει πρὸς τὴν ἐντελέχειαν.

διό	weshalb, deshalb
συν-τείνω	anspannen; auf etw. hinzielen
ἐνέργεια, ας f. (ἔργον)	Wirksamkeit, Tätigkeit, Wirklichkeit (vgl. Energie)

---

sollte. Andererseits bezeichnet er das im Vollzug befindliche Wirken, von dem sich kein Resultat ablösen lässt, wie beispielsweise das Sehen als Tätigkeit; vgl. H. Busche, s. v. ergon, in: Aristoteles-Lexikon [33], 208–210.

[112] Vgl. R. Elm, s. v. entelecheia, in: Aristoteles-Lexikon [33], 188.

[113] Wenngleich es auch zu ἐντελέχεια beispielsweise die lateinische Lehnübersetzung *perfectihabia* gibt. Gottfried Wilhelm Leibniz erwähnt die Geschichte, wonach Hermolaus Barbarus für diese wörtliche Übersetzung den Teufel befragt haben soll; vgl. *Theodizee* § 87, vgl. auch *Monadologie* § 48.

Die im Anhang angegebene Übersetzung dieser Stelle, in der τέλος mit „Ziel", ἔργον mit „Wirken" übersetzt wird, folgt eher der Übertragung von Hugh Tredennick als derjenigen von Hermann Bonitz. Tredennick fasst an dieser Stelle ἔργον als „activity" und τέλος als „end" auf,[114] wohingegen Bonitz diese Termini in dieser Passage mit „Werk" und „Zweck wiedergibt.[115] Schon aus dem Vergleich dieser kurzen Übersetzungsstücke zeigt sich die zum Teil enorme Divergenz von Übertragungen aristotelischer Texte. Während die englische Version durch die Ausdrücke „activity" und „actuality" stärker das Vollzughafte am ἔργον und der ἐνέργεια durchblicken lässt, legt die deutsche Variante mit den Wörtern „Werk" und „Wirklichkeit" eher nahe, dieselben griechischen Begriffe stärker objekthaft aufzufassen. Beide Übertragungen sind freilich bemüht, den sprachlichen Zusammenhang von ἔργον und ἐνέργεια wiederzugeben.

Für eine philosophische Erklärung des zweiten Satzes dieser Stelle, v. a. des συντείνει, sei auf Martin Heideggers Vorlesung *Grundbegriffe der aristotelischen Philosophie* verwiesen.[116]

Ein Gipfelpunkt und eine Zusammenschau der aristotelischen Verwendung dieser Termini ist das siebente Kapitel des Buches Λ, welches über den sog. „Unbewegten Beweger" spricht, und aus welchem Hegel folgendes Zitat kommentarlos an das Ende seiner *Enzyklopädie* stellt (1072b18–30):

ἡ δὲ νόησις ἡ καθ' αὑτὴν τοῦ καθ' αὑτὸ ἀρίστου, καὶ ἡ μάλιστα τοῦ μάλιστα. αὑτὸν δὲ νοεῖ ὁ νοῦς κατὰ μετάληψιν τοῦ νοητοῦ· νοητὸς γὰρ γίγνεται θιγγάνων καὶ νοῶν, ὥστε ταὐτὸν νοῦς καὶ νοητόν. τὸ γὰρ δεκτικὸν τοῦ νοητοῦ καὶ τῆς οὐσίας νοῦς. ἐνεργεῖ δὲ ἔχων· ὥστε ἐκεῖνο μᾶλλον τούτου δοκεῖ ὁ νοῦς θεῖον ἔχειν, καὶ ἡ θεωρία τὸ ἥδιστον καὶ ἄριστον. εἰ οὖν οὕτως εὖ ἔχει, ὡς ἡμεῖς ποτέ, ὁ θεὸς ἀεί, θαυμαστόν· εἰ δὲ μᾶλλον, ἔτι θαυμασιώτερον. ἔχει δὲ ὧδε. καὶ ζωὴ δέ γε ὑπάρχει· ἡ γὰρ νοῦ ἐνέργεια ζωή, ἐκεῖνος δὲ ἡ ἐνέργεια· ἐνέργεια δὲ ἡ καθ' αὑτὴν ἐκείνου ζωὴ ἀρίστη καὶ ἀΐδιος. φαμὲν δὴ

---

[114] „For the activity is the end, and the actuality is the activity; hence the term 'actuality' is derived from 'activity,' and tends to have the meaning of 'complete reality'." (Aristotle, Metaphysics [24], 459).

[115] „Denn das Werk ist Zweck, die Wirklichkeit aber ist das Werk. Daher ist auch der Name Wirklichkeit von Werk abgeleitet und zielt hin auf Vollendung." (Aristoteles' Metaphysik [25], 127).

[116] Vgl. Heidegger, Grundbegriffe der aristotelischen Philosophie (o. Anm. 88), 295–96.

τὸν θεὸν εἶναι ζῷον ἀΐδιον ἄριστον, ὥστε ζωὴ καὶ αἰὼν συνεχὴς καὶ ἀΐδιος ὑπάρχει τῷ θεῷ· τοῦτο γὰρ ὁ θεός.

Das Denken an sich aber geht auf das an sich Beste, das höchste Denken auf das Höchste. Sich selbst denkt die Vernunft in Ergreifung des Denkbaren; denn denkbar wird sie selbst, den Gegenstand berührend und denkend, so daß Vernunft und Gedachtes dasselbe sind. Denn die Vernunft ist das aufnehmende Vermögen für das Denkbare und die Wesenheit. Sie ist in wirklicher Tätigkeit, indem sie das Gedachte hat. Also ist jenes, das Gedachte, in noch vollerem Sinne göttlich als das, was die Vernunft Göttliches zu enthalten scheint, und die Spekulation ist das Angenehmste und Beste. Wenn nun so wohl, wie uns zuweilen, der Gottheit immer ist, so ist sie bewundernswert, wenn aber noch wohler, dann noch bewundernswerter. So verhält es sich aber mit ihr. Und Leben wohnt in ihr; denn der Vernunft wirkliche Tätigkeit ist Leben, die Gottheit aber ist die Tätigkeit; ihre Tätigkeit an sich ist ihr bestes und ewiges Leben. Die Gottheit, sagen wir, ist das ewige, beste lebendige Wesen, also Leben und stetige, ewige Fortdauer wohnt in der Gottheit; denn sie ist Leben und Ewigkeit. (H. Bonitz, Übers.).

Es seien nur einige besonders wichtige Vokabel aus dieser Stelle hervorgehoben:

ἀΐδιος (ἀεί)   immerwährend, ewig
ζωή, ῆς f.   Leben: Lebensunterhalt, Lebensdauer, Lebensweise
αἰών, ῶνος m. u. f. (ἀεί, lat. *aevum*)   Zeit, Ewigkeit; Zeitgeist[117]
συν-εχής, ές (σύν, ἔχω)   zusammenhängend, kontinuierlich, fortdauernd

---

[117] Im *Neuen Testament* bezeichnet der αἰών die Zeit bis zur Wiederkunft. Zum Unterschied von Zeit und Aevum vgl. Thomas v. Aquin, *Summa theologiae*, I q. 10 a. 5: „De differentia aevi et temporis".

6. *Nikomachische Ethik*

Unter dem Namen des Aristoteles sind drei Abhandlungen zur Ethik erhalten, die *Nikomachische Ethik*, die *Eudemische Ethik* und die so genannten *Magna Moralia*[118]. Die *Nikomachische Ethik*, der längste dieser Traktate, gilt bis heute als Grundbuch des Nachdenkens über das (richtige) Verhalten (ἦθος) des Menschen. Bereits ihr erster Satz gibt einen Hinweis auf die verschiedenen Arten menschlicher Tätigkeiten und auf ihr gemeinsames Ziel (*Nik. Eth.* A 1, 1094a1–3):

πᾶσα τέχνη καὶ πᾶσα μέθοδος, ὁμοίως δὲ πρᾶξίς τε καὶ προαίρεσις, ἀγαθοῦ τινὸς ἐφίεσθαι δοκεῖ· διὸ καλῶς ἀπεφήναντο τἀγαθόν, οὗ πάντ᾽ ἐφίεται.

μέθ-οδος, ου f.	„Nachgehen": Verfahrensweise, Methode
προαίρεσις, εως f.	„Vorzugswahl": Entscheidung, Vorsatz, Grundsatz
(zu προ-αιρέω med.	vor den anderen nehmen, vorziehen)
ἐφίεσθαι	*Inf. med. zu*
ἐφ-ίημι	hinschicken, zusenden; *med.* sich (auf etw.) „hinsenden, entwerfen", sich (nach etw.) strecken, begehren, + *Gen.*
ἀπεφήναντο	*Aor. 3. Ps. Pl. med. zu*
ἀπο-φαίνω	aufzeigen, darlegen; *med.* (von sich) vorzeigen, (seine Meinung) vorbringen, etw. bestimmen

---

[118] Die *Magna Moralia* werden in der Forschung heute meist für nicht von Aristoteles stammend gehalten. Auf ihren Titel („Große Ethik") spielt der Titel von Theodor W. Adornos Aphorismensammlung *Minima Moralia* („Kleinste Ethik") an; vgl. Th. W. Adorno, Minima Moralia. Reflexionen aus dem beschädigten Leben, Neuausg. der Erstausg. 1951, Frankfurt a. M. 2001.
Die *Eudemische Ethik* war in ihrer Echtheit umstritten, gilt zur Zeit jedoch für aristotelisch (vgl. dazu u. a. Wolf, Nikomachische Ethik [29], 10). Die *Nikomachische Ethik* und die *Eudemische Ethik* sind jeweils nach historischen Gestalten benannt, einerseits nach Aristoteles' Sohn Nikomachos und andererseits nach dem Herausgeber Eudemos.

Die Erkenntnis (γνῶσις) dieses Guten habe, so führt Aristoteles weiter aus, ein großes Gewicht für die Einrichtung des Lebens (1094a22–23). Die Bestimmung dessen, was das Gute generell ist, komme offensichtlich der πολιτική (τέχνη), der Politik bzw. Kenntnis des Staatswesens zu.

Nach einer kritischen Auseinandersetzung mit Leuten, die eine Idee des Guten annahmen,[119] wendet sich Aristoteles im fünften Kapitel der Suche des „Vollendeten" bzw. „Abschließenden" zu (1097a28–31):

τὸ δ' ἄριστον τέλειόν τι φαίνεται. ὥστ' εἰ μέν ἐστιν ἕν τι μόνον τέλειον, τοῦτ' ἂν εἴη τὸ ζητούμενον, εἰ δὲ πλείω, τὸ τελειότατον τούτων. τελειότερον δὲ λέγομεν τὸ καθ' αὑτὸ διωκτὸν τοῦ δι' ἕτερον ...

ἄριστος 3 (Sup. zu ἀγαθός)	bester, tüchtigster, vornehmster (vgl. Aristo-kratie)
τέλειος 3 u. 2 (τέλος)	vollendet; vollendend, abschließend
εἴη	*Opt. Präs. 3. Ps. Sg. zu* εἶναι
πλείω	*Komp. Nom. Pl. zu* πολύς
διωκτός 3	„verfolgt", erstrebt
(Verbaladj. zu διώκω	verfolgen, jagen)

Bei der Form τοῦ (δι' ἕτερον) handelt es sich (sie steht hier in Zusammenhang mit der Komparativform τελειότερον) um einen

genetivus comparationis G

Der *genetivus comparationis*, der Vergleichsgenitiv, steht bei Komparativen, gleichwertig einem ἤ „als" mit Nominativ, Akkusativ oder Dativ. Dieser Genitiv bezeichnet eine Person oder Sache, von der aus gesehen eine andere vergleichend betrachtet wird. Diese Funktion erklärt sich aus der zweiten Hauptbedeutung des Genitivs im Griechischen, die auf die Frage nach dem Woher

---

[119] Im Rahmen dieser Auseinandersetzung fällt auch die Aussage (1096a14–17): „Es könnte vielleicht besser scheinen und notwendig zur Rettung der Wahrheit, das Eigene aufzugeben, vor allem wenn es sich um Philosophen handelt: Denn auch wenn beide lieb sind, ist es fromm, die Wahrheit vorzuziehen." Auf der Grundlage dieser Aussage wurde die lateinische Formel geprägt: *Amicus Plato, sed magis amica veritas.*

den Ausgangspunkt einer Verbalhandlung angibt; insofern fungiert der Genitiv als Vertreter des Ablativs.[120]

Darüber hinaus sei, so fährt Aristoteles fort, dasjenige, was niemals um einer anderen Sache willen gewählt werde, vollendeter als dasjenige, das sowohl an sich selbst als auch einer anderen Sache willen erstrebt wird. Als möglichen Kandidaten für ein solches τέλειον nennt Aristoteles das Glück, das in einem gewissen Zusammenhang mit der „Selbstgenügsamkeit" stehe (1097a34–b16):

τοιοῦτον δ' ἡ εὐδαιμονία μάλιστ' εἶναι δοκεῖ· ταύτην γὰρ αἱρούμεθα ἀεὶ δι' αὐτὴν καὶ οὐδέποτε δι' ἄλλο, τιμὴν δὲ καὶ ἡδονὴν καὶ νοῦν καὶ πᾶσαν ἀρετὴν αἱρούμεθα μὲν καὶ δι' αὐτά […], αἱρούμεθα δὲ καὶ τῆς εὐδαιμονίας χάριν […].
φαίνεται δὲ καὶ ἐκ τῆς αὐταρκείας τὸ αὐτὸ συμβαίνειν· τὸ γὰρ τέλειον ἀγαθὸν αὔταρκες εἶναι δοκεῖ. […] τὸ δ' αὔταρκες τίθεμεν ὃ μονούμενον αἱρετὸν ποιεῖ τὸν βίον καὶ μηδενὸς ἐνδεᾶ· τοιοῦτον δὲ τὴν εὐδαιμονίαν οἰόμεθα εἶναι.

εὐδαιμονία, ας f. (εὐ-δαίμων)[121]	Glück, Glückseligkeit; Wohlstand (vgl. Eudämonismus)
αἱρέω	nehmen; *med.* für sich nehmen: zu sich nehmen, wählen, vorziehen (vgl. Häresie, eigtl. „das Nehmen, Wahl")
τιμή, ῆς f.	Wert; Achtung, Ehre (vgl. Timokratie)
ἡδονή, ῆς f.	Lust: Vergnügen, Begierde (vgl. Hedonist)
ἀρετή, ῆς f. (zu W. ἀρε-, vgl. ἄριστος)	„Bestform": Tüchtigkeit, Tugend
χάριν + Gen. (zu χάρις	wegen Gunst, Dank, vgl. lat. *gratia*)
αὐτάρκεια, ας f. (αὐτάρκης)	Selbstgenügsamkeit, Selbständigkeit (vgl. autark)
αὐτ-άρκης, αὔταρκες (αὐτός u.	sich selbst genügend, zufrieden, unabhängig
ἀρκέω	abwehren; helfen; hinreichen, genü-

---

[120] Vgl. Bornemann-Risch, Griechische Grammatik [48], 189–90.
[121] εὐ-δαίμων 2 „glücklich", eigentlich: „einen guten Daimon habend".

	gen)
τίθεμεν	*Präs. 1. Ps. Pl. zu*
τίθημι	setzen, legen, stellen; (meist *med.*:) halten für, annehmen
μονόω (μόνος)	vereinzeln
αἱρετός 3 (Verbaladj. zu αἱρέω)	gewählt; wählbar, wünschenswert
ἐνδεᾶ	*Akk. Sg. m./f. zu* ἐνδεής

Besonders bekannt ist die aristotelische Ethik für ihre μεσότης-Lehre, die Lehre vom anzustrebenden Mittelmaß zwischen zwei Extremen. Die ἀρετή befinde sich in der Mitte zwischen zwei schlechten charakterlichen Ausprägungen. Diese Ansicht führt Aristoteles beispielsweise in der Zusammenfassung der Definition der ἀρετή im fünften Kapitel des zweiten Buchs der *Nikomachischen Ethik* aus (1106b36–1107a6):

ἔστιν ἄρα ἡ ἀρετὴ ἕξις προαιρετική, ἐν μεσότητι οὖσα τῇ πρὸς ἡμᾶς, ὡρισμένη λόγῳ καὶ ᾧ ἂν ὁ φρόνιμος ὁρίσειεν. μεσότης δὲ δύο κακιῶν, τῆς μὲν καθ᾽ ὑπερβολὴν τῆς δὲ κατ᾽ ἔλλειψιν. καὶ ἔτι τῷ τὰς μὲν ἐλλείπειν τὰς δ᾽ ὑπερβάλλειν τοῦ δέοντος ἔν τε τοῖς πάθεσι καὶ ἐν ταῖς πράξεσι, τὴν δ᾽ ἀρετὴν τὸ μέσον καὶ εὑρίσκειν καὶ αἱρεῖσθαι.

ἄρα	folglich, also, nun; nämlich
ἕξις, εως f. (ἔχω)	das Halten; Haltung, Beschaffenheit, Fähigkeit (vgl. lat. *habitus*)
προαιρετικός 3 (προ-αίρεσις)	zum Vorsatz gehörig, sich entschließend, zur Entscheidung fähig, wählend
μεσότης, ητος f.	Mitte, (anstrebenswertes, „Goldenes") Mittelmaß[122]
(zu μέσος 3	mitten, in der Mitte)
ἡμᾶς	*Akk. zu* ἡμεῖς
ὡρισμένος	*Perf. Part. med.-pass. zu*
ὁρίζω (ὅρος)	begrenzen; bestimmen (vgl. Horizont, aus ὁρίζων κύκλος „begrenzender Kreis")
φρόνιμος 2 (φρήν)[123]	bei Sinnen; verständig, besonnen, ver-

---

[122] Vgl. die berühmte Horaz-Stelle, wo von der *aurea mediocritas* die Rede ist (*Oden* 2, 10, 5).

	nünftig
ὁρίσειεν	*Opt. Aor. 3. Ps. Sg. zu* ὁρίζω
κακία, ας f. u. κάκη, ης f. (zu κακός 3	Schlechtigkeit, Bosheit, Laster schlecht)
ὑπερβολή, ῆς f. (ὑπερ-βάλλω)	das Darüberhinauswerfen: Übersteigen; Übermaß (vgl. Hyperbel)
ἔλλειψις, εως f. (ἐλ-λείπω)	das Zurückbleiben: Mangel, Ausbleiben (vgl. Ellipse)
ἐλ-λείπω	zurücklassen; zurückbleiben, mangeln
ὑπερ-βάλλω	hinauswerfen; übertreffen, überschreiten
τὸ δέον (δεῖ)	das Nötige, Schickliche, Gebührende
πάθος, ους n. (πάσχω)	Ereignis, Erlebnis; Missgeschick, Schmerz, Affekt (vgl. Pathos, Pathologie)
τὸ μέσον	Mitte, Zentrum, das Mittlere (vgl. Meson, Meso-potamien)

Auf diese Definition der ἀρετή folgt im siebenten Kapitel eine Auflistung einzelner ἀρεταί und der entsprechenden Ausdrücke für das jeweilige Übermaß und die Mangelform dieser Einzeltugenden. In manchen Bereichen fehlten Bezeichnungen für eines der beiden Extreme, wie dies zum Beispiel bei der Lust der Fall sei: Hinsichtlich der Lust werde die anzustrebende Mitte als σωφροσύνη, als „Mäßigkeit"[124] bezeichnet, das Übermaß als ἀκολασία, als „Zügellosigkeit"; es gebe jedoch kaum Leute, die einen Mangel an Lust zeigen, weswegen dieser Zustand keinen Namen erhalten hätte (1107b5–8).

---

[123] Das Wort φρήν (Pl. φρένες) wird traditionell mit „Zwerchfell" übersetzt, doch bezeichnet es wohl einen größeren Bereich im Brustkorb. Manche sind der Ansicht, dass der Plural φρένες die Lunge bezeichne. Dies wird mit den Homerstellen begründet, wo eine Verwundung an den φρένες beschrieben wird, vgl. v. a. die Diskussionen um die *Ilias*-Stelle, an der erzählt wird, Patroklos habe seinen Gegner Sarpedon mit der Lanze dort getroffen, „wo die φρένες gedrängt sind um das dichte Herz" (*Il.* XVI, 481); vgl. dazu G. S. Kirk (Hg.), The Iliad: a Commentary. R. Janko: Vol. IV: books 13–16, Cambridge 1992, 379–80. Zu dem gesamten Themenkomplex vgl. S. D. Sullivan, Psychological Activity in Homer. A Study of Phren, Ottawa 1988.
Da die φρήν als der Sitz der Seelentätigkeit, besonders des θυμός, des „Mutes" bzw. „Abwehrgeistes" galt, verweisen Ausdrücke wie φρόνις „Einsicht" oder φρόνιμος auf im weitesten Sinne geistige Bereiche (vgl. phrenetisch).

[124] Zu σώ-φρων, σῶ-φρον „von gesundem Verstand, besonnen", gebildet aus σῶς „heil, gesund" und φρήν.

Einige der aufgelisteten ἀρεταί beziehen sich auf die „Gemeinschaft in den Logoi und Handlungen" (περὶ λόγων καὶ πράξεων κοινωνίαν, 1108a11), wie diejenige hinsichtlich der ἀλήθεια (1108a19–23):

περὶ μὲν οὖν τὸ ἀληθὲς ὁ μὲν μέσος ἀληθής τις καὶ ἡ μεσότης ἀλήθεια λεγέσθω, ἡ δὲ προσποίησις ἡ μὲν ἐπὶ τὸ μεῖζον ἀλαζονεία καὶ ὁ ἔχων αὐτὴν ἀλαζών, ἡ δ' ἐπὶ τὸ ἔλαττον εἰρωνεία καὶ εἴρων ‹ὁ ἔχων›.

ἀ-ληθής, ἀ-ληθές (λαθεῖν, λανθάνω)[125]	wahr, wirklich; wahrhaft, ehrlich
λεγέσθω	*Imper. 3. Ps. Sg. med.-pass. zu* λέγω
προσποίησις, εως f. (zu προσ-ποιέω	Verstärkung; Anspruch, Anmaßung hinzufügen; sich den Anschein geben)
μεῖζον	*Komp. n. Sg. zu* μέγας
ἀλαζονεία, ας f.	Prahlerei, Aufschneiderei, *zu*
ἀλαζών, όνος m. u. f.	prahlerisch; Prahler(in)
ἐλάττων (ἐλάσσων), ἔλαττον (ἔλασσον)	kleiner, geringer, weniger
εἰρωνεία, ας f. (εἴρων)	Verstellung, erheuchelte Unwissenheit (vgl. Ironie)
εἴρων, ωνος m.[126]	der sich verstellt, Schalk

Das siebente Kapitel des zehnten und letzten Buches handelt über die beste Tätigkeit. Der Tätigkeit des νοῦς wird dabei der Vorrang vor anderen πράξεις eingeräumt (1177b16–24):

εἰ δὴ τῶν μὲν κατὰ τὰς ἀρετὰς πράξεων αἱ πολιτικαὶ καὶ πολεμικαὶ κάλλει καὶ μεγέθει προέχουσιν, αὗται δ' ἄσχολοι καὶ τέλους τινὸς ἐφίενται καὶ οὐ δι' αὐτὰς αἱρεταί εἰσιν, ἡ δὲ τοῦ νοῦ ἐνέργεια σπουδῇ τε διαφέρειν δοκεῖ θεωρητικὴ οὖσα, καὶ παρ' αὐτὴν οὐδενὸς ἐφίεσθαι

---

[125] λανθάνω, Aor. ἔλαθον „verborgen sein; vergessen"; zur etymologischen Diskussion des Wortes ἀλήθεια vgl. o. 32.
[126] Die Etymologie dieses Wortes ist unklar, mitunter wird es zum Verbum εἴρω „sagen" gezogen als „einer, der etwas (nur) sagt (ohne es zu meinen)", „der sich anders ausspricht, als er es meint".

τέλους, καὶ ἔχειν τὴν ἡδονὴν οἰκείαν [...], καὶ τὸ αὔταρκες δὴ καὶ σχολαστικὸν καὶ ἄτρυτον ὡς ἀνθρώπῳ, καὶ ὅσα ἄλλα τῷ μακαρίῳ ἀπονέμεται, τὰ κατὰ ταύτην τὴν ἐνέργειαν φαίνεται ὄντα· ἡ τελεία δὴ εὐδαιμονία αὕτη ἂν εἴη ...

πολιτικός 3	„zur πόλις geschickt": staatenbildend, bürgerlich (vgl. politisch)
πολεμικός 3 (πόλεμος)	„den Krieg betreffend", „zum Krieg geschickt": kriegerisch, feindlich (vgl. Polemik)
κάλλος, ους n. (καλός)	Schönheit (vgl. Kalli-graphie)
μέγεθος, ους n. (μέγας)	Größe; Macht
προ-έχω	*intrans.* hervorragen, sich auszeichnen
ἄ-σχολος 2 (zu σχολή, ῆς f.	ohne Muße; keine Zeit lassend Muße, Freizeit, vgl. Schule)
ἐφίενται	*3. Ps. Pl. med. zu* ἐφ-ίημι
σπουδή, ῆς f.	Eile; Eifer; Ernst(haftigkeit)
δια-φέρω	auseinander tragen; verschieden sein, sich unterscheiden
θεωρητικός 3 (θεωρέω)[127]	beschauend, betrachtend
οἰκεῖος 3 (οἰκία)	zum Haus gehörig; verwandt; eigen
σχολαστικός 3 (σχολή)	müßig; seine Zeit den Wissenschaften widmend
ἄ-τρυτος 2	nicht ermüdend; unerschöpflich, unendlich
μακάριος 3 (Nbf. zu μάκαρ)	begütert, vermögend; glücklich, selig
ἀπο-νέμω	abteilen, zuteilen; etw. zurechnen, zuschreiben
εἴη	*Opt. Präs. 3. Ps. Sg. zu* εἶναι

---

[127] θε-ωρέω „Zuschauer sein, betrachten". Zu diesem Wortfeld gehören die Ausdrücke θεωρία „Betrachtung" und θε-ωρός „Zuseher". Diskutiert wird, ob letzteres von θέα „Anschauen" oder θεός abgeleitet ist, wobei in der Antike die Etymologie mit θεός überwog; vgl. Frisk, Griechisches etymologisches Wörterbuch [47], s. v. θεωρός, Bd. 1, 669; W. Mesch, s. v. theôrein/theôria, in: Wörterbuch der antiken Philosophie [60], 436–37.
Zur Veränderung des Begriffes θεωρία vgl. H. Rausch, Theoria. Von ihrer sakralen zur philosophischen Bedeutung, München 1982.

7. Politik

Es soll noch stellvertretend für die kollektiv-ethischen Abhandlungen ein Auszug aus dem berühmten zweiten Kapitel des ersten Buches der *Politik* gegeben werden. Aristoteles sagt dort über das Verhältnis der πόλις, der „Stadt" bzw. des „Staates", zu den πρῶται κοινωνίαι, den „ersten Gemeinschaften", Folgendes (1252b31–34):

τέλος γὰρ αὕτη (sc. ἡ πόλις) ἐκείνων (sc. τῶν κοινωνιῶν), ἡ δὲ φύσις τέλος ἐστίν· οἷον γὰρ ἕκαστόν ἐστι τῆς γενέσεως τελεσθείσης, ταύτην φαμὲν τὴν φύσιν εἶναι ἑκάστου, ὥσπερ ἀνθρώπου ἵππου οἰκίας.

οἷος, οἵα, οἷον	wie beschaffen, was für einer, welch einer, was
τελεσθείσης	*Aor. Part. pass. f. Sg. Gen. zu*
τελέω (τέλος)	zu Ende bringen, vollenden, zum Ziel gelangen
ἵππος, ου m.	Pferd (vgl. Hippo-potamos)
οἰκία, ας f. u. οἶκος, ου m.	Haus (vgl. Öko-nomie)

Die Wortgruppe τῆς γενέσεως τελεσθείσης kann man als

genetivus absolutus   **G**

auffassen, der analog zum lateinischen *ablativus absolutus* zu übersetzen ist.
An diese Aussage, dass wir dasjenige, was jedes Einzelne ist, wenn seine Entwicklung vollendet ist, die Natur jedes Einzelnen nennen, schließt Aristoteles folgende Feststellung an (1252b34–1253a3):

ἔτι τὸ οὗ ἕνεκα καὶ τὸ τέλος βέλτιστον· ἡ δ' αὐτάρκεια καὶ τέλος καὶ βέλτιστον. ἐκ τούτων οὖν φανερὸν ὅτι τῶν φύσει ἡ πόλις ἐστί, καὶ ὅτι ὁ ἄνθρωπος φύσει πολιτικὸν ζῷον, …

βέλτιστος 3	bester, trefflichster
φανερός 3 (φαίνω)	offenbar, deutlich
ζῷον, ου n.	lebendes Wesen, Tier (vgl. Zoologie)

Die Wendungen τὸ οὗ ἕνεκα und τῶν φύσει sind Substantivierungen. Erstere zeigt „das Worumwillen, den Zweck" an, und letztere ordnet die πόλις dem Bereich „der von Natur aus Seienden" (τὰ φύσει ὄντα) zu.

Dass der Mensch freilich „in höherem Grade ein staatenbildendes Lebewesen ist als jede Biene oder irgendein Herdentier" (1253a7–8), leuchtet für Aristoteles aufgrund folgender Beobachtung ein (1253a9–10):

οὐθὲν γάρ, ὡς φαμέν, μάτην ἡ φύσις ποιεῖ· λόγον δὲ μόνον ἄνθρωπος ἔχει τῶν ζῴων.

οὐθέν	= οὐδέν
μάτην	blindlings, zufällig

8. Rhetorik

Auf die *Politik* folgt in der traditionellen Anordnung der Schriften des Aristoteles die *Rhetorik*. Diese betrachtet die Kunst der Rede als Mittel zur Kundgabe des Glaubwürdigen (πιθανόν, A 1, 1355b11) und zur Erreichung des allgemeinen Zieles alles Handelns, der εὐδαιμονία (A 5, 1360b6), weswegen sie zum Bereich der Ethik und Politik gezählt werden kann.

Ihr eigentlicher Gegenstand sind die drei Gestalten (εἴδη) der Rhetorik, das γένος συμβουλευτικόν, δικανικόν und ἐπιδεικτικόν, die beratende Rede, Gerichts- und Festrede (A 3, 1358b7).[128] In die Erläuterung dieser Genera sind zahlreiche Beobachtungen zur Verfasstheit der potentiellen Zuhörer einer Rede eingebaut, wie etwa zu den Stimmungen und Charakteren der Menschen. Diese sollte ein Redner kennen, da sich die Rhetorik hauptsächlich auf παραδείγματα und ἐνθυμήματα[129] stützen müsse (1356b6–7). Diese beziehen sich auf Überzeugungen und Dinge, die sich nicht notwendig so verhalten, aber doch „meistens" so sind (ὡς ἐπὶ τὸ πολύ, 1357a31).

---

[128] Die Dreiteilung ergibt sich aus den verschiedenen Beziehungen, in denen die Zuhörer zum jeweiligen λόγος stehen. Sie können entweder Betrachter oder Beurteiler sein, wobei letztere Beurteiler von Zukünftigem oder von Vergangenem sein können (vgl. 1358b2–5).

[129] Ein Enthymem (ἐνθύμημα, „Erwägung") ist ein pointiert formulierter Gedanke, der in der Rhetorik als Beweis fungiert. Es ist ein Syllogismus, der auf bestehende Überzeugungen aufbaut; vgl. Ch. Rapp, s. v. enthymêma / Enthymem, in: Aristoteles-Lexikon [33], 193–195.

Beispielsweise bestimmt Aristoteles im fünften Kapitel des zweiten Buches den Begriff der Furcht (1382a21–27):[130]

ἔστω δὴ ὁ φόβος λύπη τις ἢ ταραχὴ ἐκ φαντασίας μέλλοντος κακοῦ φθαρτικοῦ ἢ λυπηροῦ· [...] τὰ γὰρ πόρρω σφόδρα οὐ φοβοῦνται· ἴσασι γὰρ πάντες ὅτι ἀποθανοῦνται, ἀλλ' ὅτι οὐκ ἐγγύς, οὐδὲν φροντίζουσιν.

ἔστω	*Imper. 3. Ps. Sg. zu* εἶναι
φόβος, ου m.	Flucht; Furcht, Schrecken (vgl. Phobie)
λύπη, ης f.	Betrübnis, Trauer, Schmerz
ταραχή, ῆς f. (ταράττω)[131]	Verwirrung, Unruhe
φαντασία, ας f. (zu φαντάζομαι (vgl. φαίνω)	Vorstellung(skraft) (vgl. Phantasie) erscheinen, sichtbar werden)
μέλλων, οντος (Part. zu μέλλω	künftig, bevorstehend im Begriff sein, gedenken)
φθαρτικός 3 (φθορά)	verderblich, schädlich, tödlich
λυπηρός 3 (λύπη)	betrübend, lästig; betrübt, traurig
πόρρω	weit, fern, ferner
σφόδρα	heftig, sehr
φοβέω (φόβος)	in die Flucht schlagen, in Furcht versetzen; *pass.* und *med.* in Furcht versetzt werden, sich fürchten, etw. fürchten
ἴσασι	*3. Ps. Pl. zu* οἶδα
ἀποθανοῦνται ἀπο-θνήσκω	*Futur 3. Ps. Pl. zu* sterben, getötet werden
ἐγγύς	nahe
φροντίζω (φρήν)	denken, erwägen, sich um etw. kümmern

---

[130] Diese Stelle zitiert M. Heidegger in *Sein und Zeit* in seinen Analysen der Furcht als eines Modus der Befindlichkeit und der Zeitlichkeit der Furcht; vgl. Heidegger, Sein und Zeit (o. Anm. 17), 140, 341–42.
[131] ταράττω „aufrühren, verwirren", vgl. den Ausdruck ἀ-ταραξία „Nichtverwirrtheit, Gemütsruhe".

9. *Poetik*

Die letzte Schrift in der herkömmlichen Anordnung der Werke des Aristoteles, die *Poetik*, ist die außerhalb der Philosophie vielleicht bekannteste Abhandlung des Stagiriten. Berühmt und viel besprochen ist die in ihr dargelegte Auffassung der Dichtung als einer μίμησις („Nachahmung", Kap. 1, 1447a16) sowie die Definition der Tragödie als einer Nachahmung einer guten und in sich geschlossenen Handlung von bestimmter Größe (wobei Handelnde nachgeahmt werden, und nicht über sie berichtet wird), die ἔλεος und φόβος hervorruft und eine κάθαρσις derartiger παθήματα bewirkt (Kap. 6, 1449b24–28). Sowohl das Begriffspaar ἔλεος/φόβος als auch der Ausdruck κάθαρσις sind seit langer Zeit Gegenstand lebhafter Diskussionen. Die Begriffe ἔλεος und φόβος wurden lange Zeit mit „Mitleid" und „Furcht" übersetzt,[132] bis Wolfgang Schadewaldt in einer einflussreichen Arbeit dafür plädierte, sie mit „Jammer" und „Schrecken" zu übertragen.[133] Hinsichtlich des Terminus κάθαρσις („Reinigung") wird diskutiert, inwiefern er der medizinischen Terminologie entstammt, und ob er auf eine Befreiung von Affekten oder eine Läuterung im Sinne einer Klärung der Emotionen hinweist.[134]

Hier soll nur eine Stelle herausgenommen werden, in welcher Aristoteles über das Verhältnis von Dichtung und Geschichtsschreibung spricht. Historiker und Dichter würden sich nicht dadurch unterscheiden, dass sie in Prosa oder gebundener Form schreiben (das Werk des Historikers Herodot könnte in Verse

---

[132] Ein maßgeblicher Vertreter dieser Auffassung von ἔλεος und φόβος ist Gotthold Ephraim Lessing in seiner *Hamburgischen Dramaturgie* (vgl. 74. Stück). Zur Rezeption dieses Begriffspaares als einer zentralen Bestimmung der Tragödie vgl. z. B. Hegels Äußerungen zur Tragödie, der in seinen Werken wiederholt auf Aristoteles' Poetik Bezug nimmt; vgl. u. a. Hegel, Phänomenologie (o. Anm. 13), 535; ders., Vorlesungen über die Ästhetik III, Frankfurt a. M. 1970 (Theorie-Werkausgabe; 15), 524.

[133] W. Schadewaldt, Furcht und Mitleid? Zur Deutung des Aristotelischen Tragödiensatzes, Hermes 83 (1955), 129–171 (auch in: ders., Hellas und Hesperien. Gesammelte Schriften zur Antike und zur neueren Literatur, 2., neugestaltete und vermehrte Ausg., Zürich-Stuttgart 1970, Bd. 1, 194–236); vgl. auch E.-A. Kim, Lessings Tragödientheorie im Licht der neueren Aristoteles-Forschung, Würzburg 2002.

[134] Vgl. zu dieser Diskussion u. a. M. Luserke (Hg.), Die Aristotelische Katharsis. Dokumente ihrer Deutung im 19. und 20. Jahrhundert, Hildesheim 1991; E. Dönt, Die philosophische Konzeption der aristotelischen Katharsis-Theorie, Wiener Humanistische Blätter 45 (2003), 5–18. Zur *Poetik* allgemein vgl. den ausführlichen Kommentar von A. Schmitt, Poetik, Berlin 2008 (Aristoteles, Werke in deutscher Übersetzung; 5). Als Überblick über antike Kunsttheorien vgl. S. Büttner, Antike Ästhetik. Eine Einführung in die Prinzipien des Schönen, München 2006.

gefasst werden und bliebe dennoch ein Geschichtswerk). Vielmehr seien sie durch Folgendes unterschieden (Kap. 9, 1451b4–7):

ἀλλὰ τούτῳ διαφέρει, τῷ τὸν μὲν (sc. ἱστορικόν) τὰ γενόμενα λέγειν, τὸν δὲ (sc. ποιητήν) οἷα ἂν γένοιτο. διὸ καὶ φιλοσοφώτερον καὶ σπουδαιότερον ποίησις ἱστορίας ἐστίν· ἡ μὲν γὰρ ποίησις μᾶλλον τὰ καθόλου, ἡ δ' ἱστορία τὰ καθ' ἕκαστον λέγει.

(ὁ ἱστορικός	Geschichtsschreiber)
γενόμενα	*Aor. Part. n. Pl. (Nom./Akk.) zu* γίγνομαι
(ποιητής, οῦ m.	Verfertiger, Schöpfer; Dichter)
γένοιτο	*Opt. Aor. 3. Ps. Sg. zu* γίγνομαι
σπουδαῖος 3 (σπουδή)	ernsthaft, wichtig
ποίησις, εως f. (ποιέω)	das Machen, Tun; Dichtung, Dichtkunst (vgl. Poesie)
ἱστορία, ας f. (ἱστορέω)[135]	Forschung, Erkenntnis, Erzähl-, Geschichtsschreibung (vgl. Historie)
μᾶλλον (Komp. zu μάλα)	mehr, eher
καθ-όλου (= καθ' ὅλου)	allgemein, im Allgemeinen

---

[135] ἱστορέω „fragen, forschen". Entscheidend geprägt wurde der Terminus ἱστορία durch Herodot, der am Anfang seiner *Historien* (I, Praef.) zu seiner Methode der Forschung Stellung nimmt; vgl. W. Schadewaldt, Die Anfänge der Geschichtsschreibung bei den Griechen, Frankfurt a. M. ³1990, 113–124.

Übungen – Teil 3

1. Was ist das „Tempus", der Modus, die Person, Zahl und Diathese folgender Verbformen?

οἶδα, φαμέν, προέχουσιν, φαίνεται, ἴσασι, νικᾷ, σημαίνει, εἴπωμεν

2. Um welchen Fall und welche Zahl handelt es sich bei den folgenden Nominalformen?

ἀρετήν, ὑποκειμένῳ, ἱστορίας, παθημάτων, φόβος, φωναί, γενέσεως, τρόπον

3. Um welche Steigerungsstufe handelt es sich bei diesen Formen?

φιλοσοφώτερον, τελειότατον, νεώτερον, ἐλάττων, σπουδαιότερον, σμικρότατος

4. Wie lautet die entsprechende Form des angegebenen Verbs?

Präs. 2. Ps. Sg. zu οἶδα   Präs. Ind. 1. Ps. Pl. akt. zu νικάω
Aor. Konj. 1. Ps. Pl. akt. zu λέγω   Präs. Ind. 3. Ps. Sg. zu εἶναι
Präs. Ind. 3. Ps. Sg. akt. zu τρέχω   Präs. Ind. 2. Ps. Pl. zu προέχω

5. Wie lautet die jeweils entsprechende Form der angegebenen Nomen?

Akk. Sg. zu συμπλοκή   Gen. Pl. zu ὤν
Dat. Sg. zu οὐδείς   Akk. Sg. zu φύσις
Gen. Sg. zu φαντασία   Dat. Sg. zu ψυχή

6. Welche Möglichkeit gibt es im Griechischen, eine Selbstaufforderung an die erste Person der Mehrzahl auszudrücken (z. B. „Lasst uns trinken!")?

7. Um welche Art von Genitiv handelt es sich bei der Form ἱστορίας in folgendem Satz:

διὸ καὶ φιλοσοφώτερον καὶ σπουδαιότερον ποίησις ἱστορίας ἐστίν.

D. Übersetzungen

Heraklit, Frg. 1, 1 D-K

(Für den Logos, diesen seienden immer werden unverständig die Menschen.) In Bezug auf diesen seienden Logos aber werden die Menschen (zeigen sich die Menschen) immer unverständig ...

Heraklit, Frg. 45 D-K

Des Lebensodems Grenzen könntest du gehend nicht ausfindig machen, auch wenn du jeden Weg durchwandertest: So tiefen Logos hat er.

Heraklit, Frg. 53 D-K

Krieg ist aller (Dinge) Vater und aller (Dinge) König und die einen zeigt (erweist) er als Götter, die anderen als Menschen, die einen macht er zu Sklaven, die anderen zu Freien.

Heraklit, Frg. 49 a

In dieselben Flüsse steigen wir und steigen wir nicht, wir sind und wir sind nicht.

Anaximander, Frg. 1

Anaximandros hat gesagt ..., der Ursprung der Seienden sei das Unbegrenzte (Unbegrenzbare) ... Aus welchen (Dingen) (Woraus) aber das Werden den Seienden ist, in diese (das) werde auch die Vernichtung gemäß der Notwendigkeit: Sie gäben nämlich Recht und Buße einander für das Unrecht gemäß der Ordnung der Zeit.

Distichon auf die gefallenen Spartaner

(O) Fremder, melde den Lakedaimoniern, dass wir hier liegen, den Worten jener gehorchend.

Xenophanes, Frg. 1, 17–18

(Nicht [ist es] Hochmut [so viel] zu trinken, wie viel habend du nach Hause gelangen könntest ohne Diener, wenn du nicht ganz alt bist.)
Es ist kein Übermut so viel zu trinken, dass man ohne Diener nach Hause kommt, sofern man nicht sehr alt ist.

Xenophanes, Frg. 11

Alles hängten den Göttern Homeros und Hesiodos an, was bei den Menschen Tadel und Schimpf ist (bedeutet), Stehlen, Ehebrechen und auch einander Betrügen.

Xenophanes, Frg. 23

Ein (einziger) Gott, unter den Göttern als auch Menschen der größte, gar nicht an Gestalt den Sterblichen ähnlich noch an Gedanken.

Anaxagoras, Frg. 11

In allem ist von allem ein Teil enthalten außer vom Geist; es gibt Dinge, denen auch Geist innewohnt.

Platon, *Euthyphron* 2a

Euthyphron: Was ist so Unerhörtes geschehen, Sokrates, dass du die Beschäftigungen im Lykeion zurücklässt und dich jetzt hier aufhältst bei der Halle des (Archon) Basileus? Denn du hast wohl nicht auch gerade einen Rechtsstreit beim Basileus wie ich.
Sokrates: Freilich nennen die Athener es nicht einen Rechtsstreit, sondern Staatsklage.

Platon, *Euthyphron* 2b

Euth.: Was sagst du? Eine Staatsklage brachte gegen dich jemand, wie es scheint, ein: Nicht nämlich werde ich jenes erleben, dass du gegen einen anderen (eine einbringst).
So.: Das freilich nicht.
Euth.: Sondern gegen dich ein anderer.
So.: Genau so.
Euth.: Wer ist dieser?

So.: Auch selbst kenne ich, Euthyphron, den Mann nicht genau: Ein junger freilich und unbekannter (Mann) scheint er mir: Man nennt ihn, wie ich glaube, Meletos.

Platon, *Euthyphron* 6d–e

So.: Erinnerst du dich also, dass ich nicht das dir auftrug, mich (irgend)eines oder zwei der vielen frommen Dinge zu lehren, sondern jene Gestalt selbst, durch die alle frommen Dinge fromm sind? Denn du sagtest doch, dass durch ein einziges Aussehen (Idee) die unfrommen Dinge unfromm und die frommen fromm sind: Oder erinnerst du dich nicht?
Euth.: Ich erinnere mich.
So.: Dieses Aussehen selbst also lehre mich, was es eigentlich ist, damit ich auf es hinblickend und es als Beispiel gebrauchend dasjenige, was so beschaffen ist von den Dingen, die du oder ein anderer macht, als fromm bezeichne, was aber nicht so beschaffen ist, nicht (als fromm) bezeichne.

Platon, *Apologie* 23a–b

Diesbezüglich aber scheint, ihr Männer, in Wirklichkeit der Gott weise zu sein und in diesem Orakelspruch dies zu sagen, dass die menschliche Weisheit wenig oder nichts wert ist. Und er scheint diesen Sokrates da zu nennen und sich meines Namens zu bedienen, indem er mich zum Beispiel macht, wie wenn er sagte: „Dieser unter euch, ihr Menschen, ist der klügste, der wie Sokrates erkannt hat, dass er in Wahrheit nichts wert ist hinsichtlich der Weisheit."

Platon, *Phaidon* 99e

Es schien mir aber notwendig zu sein, zu den Logoi hinzufliehen und in ihnen die Wahrheit der Seienden auszuspähen.

Platon, *Phaidon* 100b

Denn ich schicke mich an zu versuchen, dir die Gestalt der Ursache aufzuzeigen, mit der ich mich beschäftigt habe, und ich komme wieder zu jenen Vielbeschwatzten (Dingen) und beginne von ihnen, indem ich annehme, dass es etwas Schönes selbst gemäß sich selbst und Gutes und Großes und all das andere gibt.

Platon, *Phaidon* 100c

Es scheint mir nämlich, wenn etwas anderes schön ist außer dem Schönen selbst, dass es durch nichts anderes schön ist, als weil es an jenem Schönen Anteil hat.

Platon, *Theaitetos* 182a

Vielleicht also scheint zugleich die Wiebeschaffenheit ein ungewöhnlicher Name (Ausdruck), und du verstehst ihn nicht, wenn er so gedrängt (allgemein) ausgesagt wird.

Platon, *Sophistes* 254c

… indem wir einige von den so genannten „größten" (sc. Gestalten) herausnehmen, (wollen wir) zuerst (betrachten), wie beschaffen die einzelnen sind, und danach, wie sie sich hinsichtlich der Fähigkeit zur Gemeinschaft untereinander verhalten, damit, wenn wir das Seiende und nicht Seiende nicht mit gänzlicher Klarheit erfassen können, wir zumindest nicht einer Erklärung (Logos) über diese entbehren.

Platon, *Sophistes* 261e–262a

    Fremder: Denn es gibt für uns irgendwie von den Mitteln, mit denen wir mit der Stimme etwas über die Seiendheit deutlich machen, ein zweifaches Geschlecht.
    Theaitetos: Wie?
    Fremd.: Das eine wird Namen-, das andere Tunwörter gerufen.
    Theait.: Nenne jedes von beiden.
    Fremd.: Einerseits das für die Handlungen seiende (bestimmte) Verdeutlichungsmittel nennen wir irgendwie Tunwort.
    Theait.: Ja.
    Fremd.: Andererseits das Zeichen der Stimme, das denjenigen selbst, die sie durchführen, beigelegt wird, (nennen wir) Namenwort.

Platon, *Sophistes* 262c

Denn weder auf diese noch auf jene Weise tut das Gesprochene irgendeine Tätigkeit oder Untätigkeit kund noch die Seiendheit eines Seienden oder Nichtseienden, nicht eher als jemand den Namenwörtern die Tunwörter beimischt.

Dann aber fügen sie sich zusammen und ein Logos wird sogleich die erste Verknüpfung, beinahe von den Logoi der kleinste und erste.

Platon, *Sophistes* 263e

Also sind Denken und Logos dasselbe: Außer (Mit dem Unterschied), dass der Dia-log innerhalb der Seele mit ihr selbst, der sich ohne Stimme einstellt, von uns als Denken benannt wurde?

Platon, *Parmenides* 142b–c

    Betrachte es aber von Anfang an: Wenn das Eine ist, ist es möglich, dass es zwar ist, aber nicht an der Seiendheit teilhat?
    Nicht möglich.
    Also könnte auch die Seiendheit des Einen nicht dasselbe sein wie das Eine? Denn jene wäre nicht die Seiendheit von diesem, und dieses, das Eine, hätte nicht an jener teil, sondern es wäre dasselbe zu sagen, „Das Eine ist" und „Das Eine das Eine". Jetzt ist aber nicht das die Annahme, wenn das Eine das Eine (ist), was sich notwendigerweise ereignet, sondern wenn das Eine ist: ist es nicht so?
    Gänzlich so.
    Also dass das Ist etwas anderes als das Eine anzeigt?
    Notwendigerweise.

Platon, *Phaidros* 276e

Ein im Vergleich mit dem geringen Spiel sehr schönes Spiel nennst du, Sokrates, von dem in Logoi zu spielen Fähigen, der über Gerechtigkeit und die anderen Dinge, worüber du sprichst, Mythen erzählt.

Platon, *Politeia* 507c

Hast du also, sagte ich, bemerkt, wie der Verfertiger der Sinne bei weitem am prächtigsten die Fähigkeit des Sehens und Gesehenwerdens verfertigte?

Platon, *Politeia* 508a–b

    Welchen also von den Göttern im Himmel kannst du als Ursache und Herrn darüber angeben, dessen Licht es für uns einrichtet, dass unser Sehvermögen möglichst schön sieht und dass das Gesehene gesehen wird?

Genau (den,) den auch und die anderen (angeben können): Denn es ist klar, dass du nach der Sonne fragst.

Ist nun das Sehvermögen auf folgende Weise von Natur aus auf diesen Gott hin eingerichtet?

Wie?

Nicht ist das Sehvermögen die Sonne, weder es selbst noch das, in dem es entsteht, was wir „Auge" nennen.

Freilich nicht.

Aber es ist, wie ich glaube, das sonnengestaltigste der Werkzeuge rund um die Sinne.

Gewiss.

Platon, *Politeia* 508e

Das freilich, das die Wahrheit den erkannten Dingen darreicht und dem Erkennenden die Fähigkeit (dazu) mitteilt, sage sei die Idee des Guten.

Platon, *Politeia* 509b

Und bei den erkannten Dingen freilich sage sei nicht nur das Erkanntwerden anwesend durch das Gute, sondern auch das Sein und die Seiendheit sei durch jenes mit ihnen verbunden, wobei das Gute nicht Seiendheit ist, sondern noch jenseits der Seiendheit an Würde und Fähigkeit hervorragt.

Platon, *Timaios* 17a

So.: Einer, zwei, drei: wo ist aber der vierte unter uns, mein Timaios, von den gestrigen Schmauser und jetzigen Gastgebern?

Platon, *Timaios* 27d–28a

Aber es ist nun gemäß meiner Meinung zuerst Folgendes zu unterscheiden: Was ist das immer Seiende, das kein Werden hat, und was ist das immer Werdende, niemals jedoch Seiende? Das eine aber ist durch die Denkkraft mit dem Logos erfassbar, immer gemäß demselben seiend, das andere wiederum ist durch die Meinung mit dem logos-losen Vernehmen meinbar, werdend und vergehend, niemals jedoch wahrhaft seiend. Alles Werdende wiederum wird notwendigerweise durch eine Ursache: (Allem nämlich ist es unmöglich, ohne Ursache ein Werden zu haben.) Es ist unmöglich, dass etwas ohne Ursache ein Werden hat. Wovon nun der Demiurg, indem er auf das sich immer gemäß demselben Verhaltende hinblickt und etwas Derartiges als Beispiel benutzt, das Aussehen und die Fähigkeit herstellt, all dies wird notwendigerweise auf diese Art schön vollendet.

Aristoteles, *Kategorien* 1a16–18

Von den Ausgesagten werden die einen gemäß einer Verknüpfung, die anderen ohne Verknüpfung ausgesagt. Die einen also gemäß einer Verknüpfung, wie zum Beispiel: „ein Mensch läuft", „ein Mensch siegt": die anderen ohne Verknüpfung, wie „Mensch", „Rind", „läuft", „siegt".

Aristoteles, *Kategorien* 1a20–29

Von den Seienden werden die einen über ein Zugrundeliegendes ausgesagt, sind aber in keinem Zugrundeliegenden, wie zum Beispiel „Mensch" zwar über den bestimmten zugrundeliegenden Menschen ausgesagt wird, aber in keinem Zugrundeliegendem ist: Die anderen sind zwar in einem Zugrundeliegenden, werden aber über kein Zugrundeliegendes ausgesagt – mit „einem Zugrundeliegenden" aber sage ich das aus, was in etwas nicht als Teil vorhanden ist und unmöglich getrennt von dem sein kann, in dem es ist –, wie zum Beispiel das bestimmte Weiße zwar in einem zugrundeliegenden Körper ist – jede Farbe nämlich ist in einem Körper –, aber nicht über ein Zugrundeliegendes ausgesagt wird.

Aristoteles, *Kategorien* 1b25–27

Von den gemäß keiner Verknüpfung Gesagten bezeichnet ein jedes entweder eine Seiendheit oder ein Irgendwieviel oder ein Irgendwiebeschaffen oder ein Zu-etwas oder ein Irgendwo oder ein Irgendwann oder ein Liegen oder ein Haben oder ein Tun oder ein Erleben.

Aristoteles, *Hermeneutik* 16a3–8

Es sind nun die (Dinge) in der Stimme Erkennungszeichen der Eindrücke im Lebensprinzip, und die geschriebenen (Dinge sind Erkennungszeichen) der (Dinge) in der Stimme. Und genau wie auch nicht die Schriften für alle dieselben sind, sind auch nicht die Stimmen dieselben. (Das) freilich, wovon diese als von dem ersteren Zeichen sind, diese Eindrücke im Lebensprinzip sind für alle dieselben, und die Sachen, von denen diese die Abbilder sind, sind ebenfalls dieselben.

Aristoteles, *Physik* B 3, 194b23–33

Auf eine Weise wird also „Ursache" genannt das, woraus etwas als dem Darinvorhandenen wird, wie das Erz (Ursache) des Standbildes (genannt wird): Auf andere Weise aber (wird) das Aussehen (die Idee) und das Richtmaß (Ursache genannt), das ist die Definition (Logos) des Was-es-war-zu-Sein und dessen Gattungen [...] und die Teile in der Definition. Ferner das, woher der erste Grund des Umschlags und des Stillstands (kommt), wie der Vater Grund des Kindes ist [...]. Ferner (wird von Ursache gesprochen) wie vom Ziel: Dies ist das Worumwillen, wie die Gesundheit Ziel des Umhergehens ist.

Aristoteles, *Über die Seele* Γ 8, 431b20–24

Jetzt aber wollen wir, indem wir das über das Lebensprinzip Gesagte zusammenfassen, wiederum sagen, dass das Lebensprinzip in einem gewissen Sinn alle Seienden (Entitäten) ist: Entweder sind nämlich die Seienden wahrnehmbar oder geistig erkennbar; einerseits ist nun das Wissen in gewisser Weise die Wissbaren (Entitäten), andererseits ist das Vernehmen die Vernehmbaren (Entitäten): Wie aber, ist nötig zu untersuchen.

Aristoteles, *Über die Seele*, Γ 8, 432a1–3

Das Lebensprinzip ist genau wie die Hand: Denn die Hand ist das Werkzeug der Werkzeuge, und der Geist ist die Gestalt (Form) der Gestalten (Formen) und das Vernehmen ist die Gestalt (Form) der Vernehmbaren (Entitäten).

Aristoteles, *Metaphysik*, A 1, 980a21

Alle Menschen streben nach dem Wissen von Natur aus.

Aristoteles, *Metaphysik*, Γ 3, 1005b8–11

Es gehört sich aber, dass derjenige, der ganz besonders hinsichtlich einer einzelnen Gattung Kenntnis besitzt, die festesten Gründe der Sache nennen kann, sodass auch derjenige, der über die Seienden als Seiende (Kenntnis hat), die sichersten (Gründe) von allen (nennen kann). Dieser aber ist der Philosoph.

Aristoteles, *Metaphysik* Γ 3, 1005b11–14

Der sicherste Grund von allen aber ist der, hinsichtlich dessen es unmöglich ist sich zu täuschen. Denn es ist notwendig, dass dieser der verständlichste ist […] und auch voraussetzungslos ist.

Aristoteles, *Metaphysik* Γ 3, 1005b19–20

Denn es ist unmöglich, dass dasselbe ein und demselben gemäß derselben Hinsicht zugleich zukomme und nicht zukomme.

Aristoteles, *Metaphysik* Γ 3, 1006a6–9

Es ist nämlich eine Unerzogenheit nicht zu erkennen, wovon man einen Beweis suchen darf und wovon nicht. Denn es ist gänzlich unmöglich, dass es von allem einen Beweis gibt (man würde nämlich ins Unendliche gehen […]).

Aristoteles, *Metaphysik* Z 1, 1028a10

Das Seiende wird in mannigfacher Weise ausgesagt.

Aristoteles, *Metaphysik* Θ 1, 1045b32–34

Weil man aber von dem Seienden spricht einerseits als von dem Irgendetwas oder dem Irgendwiebeschaffen oder dem Irgendwieviel, andererseits aber gemäß der Fähigkeit und Wirklichkeit und gemäß dem Werk, …

Aristoteles, *Metaphysik* Θ 8, 1050a21–23

Denn das Wirken ist Ziel, das Im-Wirken-Sein aber ist das Wirken. Deshalb ist auch der Ausdruck Im-Wirken-Sein formuliert gemäß dem Wirken und zielt auf die Wirklichkeit hin.

Aristoteles, *Nikomachische Ethik* A 1, 1094a1–3

Jede Kunstfertigkeit und jede Verfahrensweise, in gleicher Weise auch (jede) Handlung und auch Entscheidung, scheint sich auf etwas Gutes hin zu entwerfen (scheint etwas Gutes zu begehren): Deshalb hat man in schöner Weise das Gute aufgezeigt als das, woraufhin sich alles entwirft.

Aristoteles, *Nikomachische Ethik* A 5, 1097a28–31

Das Beste aber scheint etwas Vollendetes/Abschließendes zu sein. Daher wäre, wenn es nur ein einziges Vollendetes/Abschließendes gibt, dies das Gesuchte, wenn aber mehrere, das Vollendetste/Abschließendste von diesen. Wir bezeichnen aber als vollendeter/abschließender das gemäß sich selbst Erstrebte als das um einer anderen Sache willen (Erstrebte).

Aristoteles, *Nikomachische Ethik* A 5, 1097a34–b16

Etwas Derartiges aber scheint ganz besonders die Glückseligkeit zu sein. Denn diese wählen wir immer um ihrer selbst willen und niemals um einer anderen Sache willen; Ehre, Lust, Vernunft und jede Bestform aber wählen wir zwar auch um ihrer selbst willen […], wir wählen sie aber auch wegen der Glückseligkeit […]
Es scheint sich aber auch aus der Selbstgenügsamkeit dasselbe zu ergeben: Denn das vollendete/abschließende Gut scheint selbstgenügsam zu sein. […] Für das Selbstgenügsame halten wir das, was vereinzelt (auch wenn man es als einziges hat) das Leben wählenswert macht und keiner Sache bedürftig: Wir glauben, dass etwas Derartiges die Glückseligkeit ist.

Aristoteles, *Nikomachische Ethik* B 5, 1106b36–1107a6

Es ist also die Bestform eine zur Entscheidung fähige Haltung, die in der Mitte ist im Verhältnis zu uns und welche bestimmt ist durch den Logos, mit dem sie auch der Besonnene bestimmen würde. Sie ist die Mitte zweier Schlechtigkeiten, einer, die einer Übersteigerung zufolge, und einer anderen, die einem Zurückbleiben zufolge entsteht. Und ferner dadurch, dass die einen (Schlechtigkeiten) hinter dem Gebührenden zurückbleiben, die anderen es überschreiten in den Erlebnissen und Handlungen, ist die Bestform das Finden und Wählen des Mittleren.

Aristoteles, *Nikomachische Ethik* B 7, 1108a19–23

Und in Hinblick auf das Wahre sei der Mittlere ein „wahrhafter (Mensch)" genannt, und die Mitte „Wahrheit"; der Anspruch aber auf zu Großes (sei) „Prahlerei" (genannt), und der ihn erhebt „Prahler", der auf zu Wenig jedoch (sei) „Verstellung" (genannt), und der ihn erhebt „einer, der sich verstellt".

Aristoteles, *Nikomachische Ethik* K 7, 1177b16–24

Wenn nun von den gemäß den Bestformen (ausgeführten) Handlungen diejenigen, welche die Polis und den Krieg betreffen, an Schönheit und Größe hervorragen, aber keine Muße lassen, sich auf irgendein Ziel entwerfen und nicht um ihrer selbst willen wählenswert sind, und wenn dagegen die Tätigkeit des Geistes sich sowohl durch ihre Ernsthaftigkeit (davon) zu unterscheiden, zumal sie betrachtend ist, als auch sich neben ihr selbst auf kein Ziel zu entwerfen und eine ihr eigene Lust zu haben scheint […], und wenn es sich zeigt, dass das selbstgenügsame, müßige und unermüdete Leben – sofern es dem Menschen möglich ist – und alles, was dem Glücklichen zugeschrieben wird, gemäß dieser Tätigkeit besteht, dann wäre dies die vollendete/abschließende Glückseligkeit des Menschen …

Aristoteles, *Politik* A 2, 1252b31–34

(Das) Ziel nämlich ist sie (sc. die Stadt) von jenen (sc. Gemeinschaften), die Physis aber ist das Ziel: Wie beschaffen nämlich jedes ist, wenn sein Werden zum Ziel gekommen ist, das sagen wir sei die Physis eines jeden, wie eines Menschen, Pferdes oder Hauses.

Aristoteles, *Politik* A 2, 1252b34–1253a3

Ferner ist das Worumwillen und das Ziel das Beste: Die Selbstgenügsamkeit aber ist sowohl Ziel als auch das Beste. Aus diesen (Überlegungen) ist also deutlich, dass die Stadt zum Bereich der Naturdinge gehört, und dass der Mensch von Natur ein stadtbildendes Lebewesen ist, …

Aristoteles, *Politik* A 2, 1253a9–10

Nichts nämlich macht, wie wir sagen, die Natur blindlings: Logos aber hat nur der Mensch unter den Lebewesen.

Aristoteles, *Rhetorik* B 5, 1382a21–27

Die Furcht aber sei (bestimmt als) eine Betrübnis oder Unruhe aufgrund einer Vorstellung eines bevorstehenden verderblichen oder lästigen Übels: […] Denn das Ferne fürchtet man nicht so heftig: Es wissen nämlich alle, dass sie sterben werden, aber weil es nicht nahe ist, kümmern sie sich nicht darum.

Aristoteles, *Poetik* IX, 1451b4–7

… sondern sie unterscheiden sich dadurch, dass der eine (sc. der Geschichtsschreiber) das Geschehene sagt (erzählt), der andere (sc. der Dichter) das, was geschehen könnte. Deshalb ist auch Dichtung etwas Philosophischeres und Ernsthafteres als Geschichtsschreibung: Denn die Dichtung erzählt mehr das Allgemeine, die Geschichtsschreibung aber das Einzelne.

E. Lösungen zu den Übungen

zu Teil 1

ad 1.:

ἐστίν – Verb, μοῖρα – Nomen, ἀξύνετοι – Nomen, δέμας – Nomen, ἔδειξε – Verb, πίνειν – Verb, δούλους – Nomen, κείμεθα –Verb, ἐμβαίνομεν –Verb

ad 2.:

θεός: Nom. Sg. (o-Dekl.), παντός: Gen. Sg. (zu πᾶς, πᾶν, 3. Dekl.), ποταμοῖς: Dat. Pl. (zu ποταμός, o-Dekl.), ψυχῆς: Gen. Sg. (zu ψυχή, a-Dekl.), λόγον: Akk. Sg. (zu λόγος, o-Dekl.), ἐλευθέρων: Gen. Pl. (zu ἐλεύθερος, o-Dekl.), ἀρχήν: Akk. Sg. (zu ἀρχή, a-Dekl.), ἄνθρωπε: Vok. Sg. (zu ἄνθρωπος, o-Dekl.), ὁδοῦ: Gen. Sg. (zu ὁδός, o-Dekl.)

ad 3.:

(o-Deklination)
Nom. Pl. zu πόλεμος: πόλεμοι   Nom./Akk. Pl. zu δῶρον: δῶρα
Dat. Sg. zu χρόνος: χρόνῳ   Akk. Pl. zu ψόγος: ψόγους

(a-Deklination)
Akk. Pl. zu ἀδικία: ἀδικίας   Dat. Sg. zu φθορά: φθορᾷ
Gen. Pl. zu ἀρχή: ἀρχῶν   Dat. Pl. zu πᾶσα: πάσαις

(3. Deklination, konsonantische und ι-Stämme)
Gen. Sg. zu τίσις: τίσεως   Dat. Sg. zu γένεσις: γενέσει
Akk. Sg. zu τάξις: τάξιν   Nom. Pl. zu ὤν: ὄντες

ad 4.:

γίγνονται: 3. Ps. Pl. med. Präs. (zu γίγνομαι), ἐμβαίνομεν: 1. Ps. Pl. akt. Präs. (zu ἐμβαίνω), ἐποίησε: 3. Ps. Sg. akt. Aor. (zu ποιέω), ἔχει: 3. Ps. Sg. akt. Präs. (zu ἔχω), ἐπιπορεύεται: 3. Ps. Sg. med. Präs. (zu ἐπιπορεύομαι), χωρεῖς: 2. Ps. Sg. akt. Präs. (zu χωρέω), ἀγγέλλουσι: 3. Ps. Pl. akt. Präs. (zu ἀγγέλλω)

ad. 5.:

(Verba auf -ω, Präsens)
2. Ps. Sg. med. zu πείθομαι: πείθῃ
3. Ps. Pl. med.-pass. zu εὑρίσκω: εὑρίσκονται
2. Ps. Pl. akt. zu λέγω: λέγετε
1. Ps. Pl. med. zu γίγνομαι: γιγνόμεθα

(„schwacher" Aorist)
3. Ps. Sg. akt. zu παιδεύω: ἐπαίδευσε(ν)
1. Ps. Sg. akt. zu ποιέω: ἐποίησα

zu Teil 2

ad 1.:

γέγονεν: Perf. Ind. 3. Ps. Sg. akt. (zu γίγνομαι), ἐγγίγνεται: Präs. Ind. 3. Ps. Sg. med. (zu ἐγγίγνομαι), ἐννενόηκας: Perf. Ind. 2. Ps. Sg. akt. (zu ἐννοέω), φῄς: Präs. Ind. 2. Ps. Sg. akt. (zu φημί), γέγραπται: Perf. Ind. 3. Ps. Sg. med.-pass. (zu γράφω), καταγνώσομαι: Futur 1. Ps. Sg. med. (zu καταγιγνώσκω), ἐπωνομάσθη: Aor. Ind. 3. Ps. Sg. pass. (zu ἐπονομάζω), δηλοῖ: Präs. Ind. (od. Konj.) 3. Ps. Sg. akt. (od. Ind. 2. Ps. med.-pass.; zu δηλόω), ἦτε: Präs. Konj. (od. Impf.) 2. Ps. Pl. (zu εἶναι)

ad 2.:

(Perf. Ind.)
1. Ps. Pl. akt. zu φύω: πεφύκαμεν
3. Ps. Sg. med. zu πραγματεύομαι: πεπραγμάτευται
2. Ps. Pl. med. zu γράφω: γέγραφθε
1. Ps. Sg. akt. zu γίγνομαι: γέγονα

(Futur Ind.)
3. Ps. Pl. med. zu γιγνώσκω: γνώσονται
3. Ps. Sg. med. zu προαιρέω: προαιρήσεται

(Impf. med.-pass.)
1. Ps. Sg. zu διακελεύομαι: διεκελευόμην
3. Ps. Sg. zu σημαίνω: ἐσημαίνετο

(Konj. Präs.)
3. Ps. Sg. akt. zu πράττω: πράττῃ
3. Ps. Pl. zu εἶναι: ὦσιν

(Aor. Ind.)
1. Ps. Sg. pass. zu καλέω: ἐκλήθην
3. Ps. Sg. akt. zu δοκέω: ἔδοξε

ad 3.:

διατριβάς: Akk. Pl. (zu διατριβή), γένεσιν: Akk. Sg. (zu γένεσις), δόξῃ: Dat. Sg. (zu δόξα), αὐτός: Nom. Sg., ἀγαθοῦ: Gen. Sg. (zu ἀγαθός), ὁσίων: Gen. Pl. (zu ὅσιος), ὄψις: Nom. Sg., ἰδέαν: Akk. Sg. (zu ἰδέα), λόγοις: Dat. Pl. (zu λόγος), δικαιοσύνης: Gen. Sg. (zu δικαιοσύνη), οὐδενός: Gen. Sg. (zu οὐδείς)

ad 4.:

οὐδεμίαν πρᾶξιν δηλοῖ τὰ φωνηθέντα, πρὶν ἄν τις τοῖς ὀνόμασι τὰ ῥήματα κεράσῃ.
z. B.: „Das Gesprochene tut keine Tätigkeit kund, nicht eher als jemand den Namenwörtern die Tunwörter beimischt."
(vgl. Platon, *Sophistes* 262c)

zu Teil 3

ad 1.:

οἶδα: Perf. (als Präs. verwendet) Ind. 1. Ps. Sg. akt., φαμέν: Präs. Ind. 1. Ps. Pl. akt. (zu φημί), προέχουσιν: Präs. Ind. 3. Ps. Pl. akt. (προέχω), φαίνεται: Präs. Ind. 3. Ps. Sg. med.-pass. (zu φαίνομαι), ἴσασι: Perf. (als Präs. verwendet) Ind. 3. Ps. Pl. akt. (zu οἶδα), νικᾷ: Präs. Ind. (od. Konj.) 3. Ps. Sg. akt. (od. Ind. 2. Ps. Sg. med.-pass.; zu νικάω), σημαίνει: Präs. Ind. 3. Ps. Sg. akt. (zu σημαίνω), εἴπωμεν: Aor. Konj. 1. Ps. Pl. akt. (zu λέγω)

ad 2.:

ἀρετήν: Akk. Sg. (zu ἀρετή), ὑποκειμένῳ: Dat. Sg. (zu ὑποκείμενον), ἱστορίας: Gen. Sg. (zu ἱστορία), παθημάτων: Gen. Pl. (zu πάθημα), φόβος: Nom. Sg., φωναί: Nom. Pl. (zu φωνή), γενέσεως: Gen. Sg. (zu γένεσις), τρόπον: Akk. Sg. (zu τρόπος) *ad 3.:*

φιλοσοφώτερον: Komp., τελειότατον: Sup., νεώτερον: Komp., ἐλάττων: Komp., σπουδαιότερον: Komp., σμικρότατος: Sup.

ad. 4.:

Präs. 2. Ps. Sg. zu οἶδα: οἶσθα
Präs. Ind. 1. Ps. Pl. akt. zu νικάω: νικῶμεν
Aor. Konj. 1. Ps. Pl. akt. zu λέγω: εἴπωμεν
Präs. Ind. 3. Ps. Sg. zu εἶναι: ἐστι(ν) / ἐστί(ν)
Präs. Ind. 3. Ps. Sg. akt. zu τρέχω: τρέχει
Präs. Ind. 2. Pers. Pl. zu προέχω: προέχετε

ad 5.:

Akk. Sg. zu συμπλοκή: συμπλοκήν Gen. Pl. zu ὤν: ὄντων
Dat. Sg. zu οὐδείς: οὐδενί Akk. Sg. zu φύσις: φύσιν
Gen. Sg. zu φαντασία: φαντασίας Dat. Sg. zu ψυχή: ψυχῇ

ad 6.:

Eine Selbstaufforderung an die erste Person kann durch einen *coniunctivus hortativus* ausgedrückt werden, z. B. Πίνωμεν. – „Lasst uns trinken!".

ad 7.:

διὸ καὶ φιλοσοφώτερον καὶ σπουδαιότερον ποίησις ἱστορίας ἐστίν.

Es handelt sich bei der Form ἱστορίας in diesem Satz um einen *genetivus comparationis*, einen Vergleichsgenitiv: „Deshalb ist auch Dichtung etwas Philosophischeres und Ernsthafteres *als* Geschichtsschreibung." (vgl. Aristoteles, *Poetik* 1451b5–6)

F. Glossar

ἀγαθός	gut	ἰδέα	„Idee", Aussehen, Anblick
αἴσθησις	„Wahrnehmung", Empfindung, Sinn	κατηγορία	Anklage; Aussage
αἰτία, αἴτιον	Grund, Ursache	κίνησις	Bewegung
		μέθεξις	Teilhabe
ἀλήθεια	Wahrheit	μεταβολή	Umschlag, Veränderung
ἀνάγκη	Zwang, Notwendigkeit	μοῖρα	Teil, Anteil, Schicksal
ἄνθρωπος	Mensch		
ἄπειρον	das Unendliche	νόησις	Denken
ἀπορία	Ausweglosigkeit	νοῦς	Vernunft, Geist
ἀρχή	Anfang, Urgrund	ὄνομα	Name; Nomen
αὐτάρκεια	Selbstgenügsamkeit	ὄργανον	Werkzeug
γένεσις	Werden, Entstehen	οὐσία	„Seiendheit", Wesen
δημιουργός	Handwerker; Demiurg	πάθημα	Erlebnis, Eindruck
		παιδιά	Spiel
διάνοια	Denkvermögen, Verstand	παράδειγμα	Beispiel, Muster
διαίρεσις	Trennung; Begriffsbestimmung	ποιότης	„Wiebeschaffenheit", Qualiät
		πόλις	Stadt(staat)
διάλογος	Gespräch, Unterhaltung	πρᾶγμα	Handlung; Sache
		πρᾶξις	Handlung, Tätigkeit
δικαιοσύνη	Gerechtigkeit	ῥῆμα	Wort; Verbum
δόξα	Schein, Meinung	σοφία	Klug-, Weisheit
δύναμις	Fähigkeit, Möglichkeit	σύμβολον	Erkennungszeichen
		τέλος	Ziel, Zweck
εἶδος	Gestalt, Form; Gattung	τέχνη	Kunstfertigkeit
		ὕδωρ	Wasser
εἶναι	(zu) sein	ὑπόθεσις	Annahme
ἐνέργεια	Wirksamkeit, Tätigkeit	ὑποκείμενον	das Zugrundeliegende
ἐντελέχεια	(vollendete) Wirklichkeit	φαίνομαι	sich zeigen, erscheinen
ἐπιστήμη	Können; Wissenschaft	φθορά	Zerstörung, Vergehen
ζῷον	Lebewesen, Tier	φύσις	Natur
θεός	Gott	ψυχή	Lebensprinzip, Seele

G. Literaturverzeichnis

Antike Autoren

Vorsokratiker

[1] Die Fragmente der Vorsokratiker. Griechisch und deutsch von H. Diels, 2 Bde, Berlin ⁴1922.
[2] Die Fragmente der Vorsokratiker. Griechisch und deutsch von H. Diels, 5. Aufl., W. Kranz (Hg.), 3 Bde., Berlin 1934–37.
[3] Die vorsokratischen Philosophen: Einführung, Texte und Kommentare von G. S. Kirk, J. E. Raven und M. Schofield. Ins Deutsche übersetzt von K. Hülser, Stuttgart-Weimar 1994.
[4] Die Vorsokratiker. Auswahl der Fragmente, Übersetzungen und Erläuterungen von J. Mansfeld, 2 Bde., Stuttgart 1995–96.
[5] Ch. Rapp, Vorsokratiker, 2., überarbeitete Aufl., München 2007.
[6] Die Vorsokratiker. Griechisch-lateinisch-deutsch. Auswahl der Fragmente und Zeugnisse, Übersetzung und Erläuterungen von M. L. Gemelli Marciano, 3 Bde., Düsseldorf 2007 ff.

Platon

[7] Plato's Euthyphro, Apology of Socrates and Crito. J. Burnet (Ed.), Oxford 1924.
[8] Platon, Sämtliche Werke in zehn Bänden. Griechisch und Deutsch. Nach der Übersetzung F. Schleiermachers, ergänzt durch Übersetzungen von F. Susemihl u. a. K. Hülser (Hg.), Frankfurt a. M.-Leipzig 1991.
[9] Platon, Werke. Übersetzung und Kommentar. Im Auftrag der Kommission für Klassische Philologie der Akademie der Wissenschaften und der Literatur zu Mainz. E. Heitsch, C. W. Müller (Hg.), Göttingen 1993 ff.
[10] H. Görgemanns, Platon, Heidelberg 1994 (Heidelberger Studienhefte zur Altertumswissenschaft).
[11] F. D. E. Schleiermacher, Über die Philosophie Platons. Eingeleitet von P. M. Steiner (Hg.), Hamburg 1996.
[12] M. Erler, Platon, München 2006.

[13] M. Erler, Platon, Basel 2007 (Grundriss der Geschichte der Philosophie: Die Philosophie der Antike; 2, 2).
[14] M. Erler, Kleines Werklexikon Platon, Stuttgart 2007.

Aristoteles

a) Textausgaben, Kommentare, Übersetzungen

[15] Aristoteles Graece ex recensione I. Bekkeri, Academia Regia Borussica (ed.), 2 Bde., Berlin 1831.
[16] Aristotelis opera, volumen tertium: Librorum deperditorum fragmenta. Collegit et annotationibus instruxit O. Gigon, Berlin-New York 1987.
[17] Aristotelis opera, volumen quartum: Scholia in Aristotelem collegit G. A. Brandis. Supplementum scholiorum: Syriani in metaphysica commentaria. H. Usener (ed.). Accedit: Vita Marciana, photomechanischer Nachdruck, Berlin 1961.
[18] Index Aristotelicus. H. Bonitz (ed.), Berlin 1870.
[19] Aristotle on the Constitution of Athens, 2nd ed., F. G. Kenyon (Ed.), Oxford 1891.
[20] Aristoteles Latinus, Bd. 1 ff., Bruges-Paris 1961 ff. (Union académique internationale. Corpus philosophorum medii aevi).
[21] Aristoteles, Werke. In deutscher Übersetzung. E. Grumach et al. (Hg.), Bd. 1 ff., Berlin 1956 ff.
[22] Aristotle's Metaphysics. A revised text with introduction and commentary by W. D. Ross, (repr. of the 1st ed. 1924) Oxford 1966.
[23] Aristotle's Physics. A revised text with introduction and commentary by W. D. Ross, (repr. of the 1st ed. 1936) Oxford 1966.
[24] Aristotle, The Metaphysics Books I–IX. With an English translation by H. Tredennick, (repr. of the 1st ed. 1933) Cambridge, Ma.-London 1989.
[25] Aristoteles' Metaphysik. Griechisch-Deutsch, Neubearbeitung der Übersetzung von H. Bonitz. Mit Einleitung und Kommentar von H. Seidl (Hg.). Zweiter Halbband: Bücher VII (Z)–XIV (N), 3., verb. Aufl., Hamburg 1991.
[26] Aristoteles, Kleine naturwissenschaftliche Schriften (Parva naturalia). Übersetzt von E. Dönt (Hg.), Stuttgart 1997.

[27] Aristoteles, Kategorien – Hermeutik oder vom sprachlichen Ausdruck (De interpretatione). Beigegeben sind Porphyrios: Einführung in die Kategorien des Aristoteles (Isagoge), Pseudo-Aristoteles: Einteilungen (Divisiones), Pseudo-Platon: Begriffsbestimmungen (Definitiones). Griechisch-deutsch. Übersetzt, mit Einleitungen und Anmerkungen versehen von H. G. Zekl (Hg.), Hamburg 1998.

[28] G. Reale, Introduzione, traduzione e commentario della Metafisica di Aristotele. Testo greco a fronte, Milano 2004.

[29] Aristoteles, Nikomachische Ethik. Übersetzt von U. Wolf (Hg.), Reinbek bei Hamburg 2006.

b) Gesamtdarstellungen, Lexikon

[30] W. Jaeger, Aristoteles. Grundlegung einer Geschichte seiner Entwicklung, Berlin 1923.

[31] I. Düring, Aristoteles. Darstellung und Interpretation seines Denkens, Heidelberg 1966.

[32] J. L. Ackrill, Aristoteles. Eine Einführung in sein Philosophieren, Berlin-New York 1985.

[33] O. Höffe (Hg.), Aristoteles-Lexikon, Stuttgart 2005.

[34] W. Detel, Aristoteles, Leipzig 2005.

[35] O. Höffe, Aristoteles, 3., überarbeitete Aufl., München 2006.

[36] Ch. Rapp, Aristoteles zur Einführung, 3., überarbeitete Aufl., Hamburg 2007.

Andere Autoren

[37] Plotins Schriften. Übersetzt von R. Harder. Neubearbeitung mit griechischem Lesetext und Anmerkungen, 6 Bde., Hamburg 1956–71.

Wörterbücher Griechisch

Hand- und Schulwörterbücher

griechisch-deutsch

[38] W. Gemoll, Griechisch-deutsches Schul- und Handwörterbuch, (Nachdruck der) 9. Aufl., durchgesehen und erweitert von K. Vretska. Mit einer Einführung in die Sprachgeschichte von H. Kronasser, Wien u. a. 1991.

[39] Gemoll. Griechisch-deutsches Schul- und Handwörterbuch von W. Gemoll und K. Vretska. 10., völlig neu bearbeitete Aufl., München u. a. 2006.

[40] Grund- und Aufbauwortschatz Griechisch, bearbeitet von Th. Meyer und H. Steinthal, Leipzig u. a. 2001.

deutsch-griechisch

[41] K. Schenkl, Deutsch-griechisches Schul-Wörterbuch, 4., verbesserte Aufl., Leipzig 1883.

Umfassende Wörterbücher

[42] Θησαυρὸς τῆς Ἑλληνικῆς γλώσσης. Thesaurus Graecae linguae, ab H. Stephano constructus. Post ed. Anglicam novis additamentis auctum, ordineque alphabetico digestum tertio ediderunt C. B. Hase et al., 8 Bde., Paris 1831–65.

[43] F. Passow, Handwörterbuch der griechischen Sprache. Neu bearbeitet und zeitgemäß umgestaltet von V. Ch. F. Rost und F. Palm. Unveränderter reprografischer Nachdruck der 5. Aufl. Leipzig 1852, Darmstadt 2004.

[44] A Greek-English Lexicon. Compiled by H. G. Liddell and R. Scott, revised and augmented throughout by H. S. Jones. With a revised supplement, Oxford 1996.

[45] Lexikon des frühgriechischen Epos. B. Snell, H. Erbse (Hg.), Göttingen 1955 ff.

Etymologische Wörterbücher

[46] É. Boisacq, Dictionnaire étymologique de la langue grecque. Étudiée dans ses rapports avec les autres langues indo-européennes, Heidelberg-Paris ²1923.
[47] H. Frisk, Griechisches etymologisches Wörterbuch, 3 Bde., Heidelberg ²1973–79.

Grammatiken

Kurzgefasste Grammatiken

[48] E. Bornemann, E. Risch, Griechische Grammatik, Frankfurt a. M. ²1978.
[49] L. Stock, Langenscheidts Kurzgrammatik Altgriechisch, Berlin u. a. ¹⁵2006.

Ausführliche Grammatiken

[50] R. Kühner, B. Gerth, Ausführliche Grammatik der griechischen Sprache, Hannover ⁴1955.
[51] E. Schwyzer, Griechische Grammatik. Auf der Grundlage von K. Brugmanns Griechischer Grammatik, 4 Bde., München 1939–71 (Handbuch der Altertumswissenschaft 2, 1, 1–4).

Lehrbücher

[52] W. Elliger, Kantharos. Griechisches Unterrichtswerk, Lese- und Arbeitsbuch, Leipzig u. a. ²2004.
[53] J.-P. Guglielmi, Le Grec ancien, Chennevières-sur-Marne 2003 (Collection Sans Peine). [zusätzlich erhältlich: 4 CD-Audio, Ἡ Ἑλληνικὴ φωνή]
[54] H. v. Krefeld, Hellenika. Einführung in die Kultur der Hellenen. Neue Ausg., Berlin 2002.
[55] G. Lachawitz, Einführung in die griechische Sprache.
Bd. 1: Text und Vokabular, 4., durchgesehene Aufl., Wien 1999.
Bd. 2: Grammatik, 4., durchgesehene Aufl., Wien 2003.

[56] F. Maier (Hg.), ΕΛΛΑΣ. Hellas. Lehrgang des Griechischen, Bamberg ^{3}2000.

Diverse Handbücher

[57] K. Bartels, Veni, vidi, vici. Geflügelte Worte aus dem Griechischen und Lateinischen, Darmstadt ^{9}1992.
[58] J. D. Denniston, The Greek Particles, 2nd ed., Oxford 1954.
[59] G. Fink, Die griechische Sprache. Eine Einführung und eine kurze Grammatik des Griechischen, Düsseldorf 2005.
[60] Ch. Horn, Ch. Rapp (Hg.), Wörterbuch der antiken Philosophie, München 2002.
[61] B. Kytzler u. a., Unser tägliches Griechisch. Lexikon des griechischen Spracherbes, Darmstadt ^{2}2002.
[62] M. Meier-Brügger, Griechische Sprachwissenschaft, 2 Bde., Berlin-New York 1992.
[63] H.-G. Nesselrath (Hg.), Einleitung in die griechische Philologie, Stuttgart-Leipzig 1997.
[64] Der Kleine Pauly. Lexikon der Antike. Auf der Grundlage von Pauly's Realencyclopädie der classischen Altertumswissenschaft unter Mitwirkung zahlreicher Fachgelehrter bearbeitet von K. Ziegler und W. Sontheimer (Hg.), 5 Bde., Stuttgart 1964–1975.
[65] Der neue Pauly. Enzyklopädie der Antike. H. Cancik et al. (Hg.), 16 Bde., Stuttgart 1996–2003.
[66] U. Petersen, Einführung in die griechische Schrift, 2., durchgesehene und verbesserte Aufl., Hamburg 2003.
[67] J. Ritter et al. (Hg.), Historisches Wörterbuch der Philosophie, 13 Bde., Basel-Stuttgart 1971–2007.
[68] F. Wolff, O. Wittstock, Latein und Griechisch im deutschen Wortschatz. Lehn- und Fremdwörter, Lizenzausg. der 6., bearbeiteten Aufl., Wiesbaden 1999.

Internet-Ressourcen

[69] http://gottwein.de
(online-Lehrbuch, zahlreiche online-Texte mit Übersetzungen)

[70] http://graecum.net
(online-Grammatik mit Grammatikübungen)

[71] http://homepage.univie.ac.at/peter.klien/php/
(zahlreiche Informationen zur griechischen Schrift etc.)

[72] http://greek.sgherri.net
(Sammlung nützlicher Links)

[73] http://www.oeaw.ac.at/kal/agp/index.htm
(zum Klang des Altgriechischen)

[74] http://www.annee-philologique.com/aph/
(Hilfsmittel zur Literaturrecherche im Bereich der Klassischen Philologie)

[75] http://www.perseus.tufts.edu/
(Sammlung griechischer Texte mit englischer Übersetzung)

H. Indices

1. Grammatikalischer Index

accusativus respectus	51	Interpunktionszeichen	16
Adverb	98	iota subscriptum	20
Akzente	15	Irrealis	89
ἄν	37	Konjunktiv	73
Aorist	38	prospektiver Konjunktiv	74
„schwacher" Aorist	42	coni. hortativus	117
„starker" Aorist	40	Medium	35
θη-Aorist	85	οἶδα	120
Artikel	20	Optativ	37
Augment	41	οὐδείς	76
αὐτός	72	Partizip	21
εἶναι	19	Perfekt	66
dativus auctoris	88	Perfekt med.-pass.	68
dativus instrumenti	73	φημί	68
Deklinationen:		Potentialis	37
a-Deklination	37	Quantitätentausch	46
o-Deklination	35,46	Relativische Attraktion	74
3. Deklination	21	Spiritus	15
ι-Stämme	46	Stammformen (allg.)	45
σ-Stämme	49	Steigerung	65
Digamma	92	Substantivierter Infinitiv	20
Enklise, Enklitika	20	Verba auf -μι	19
Fragepronomen	65	Verba auf -ω	22
Futur	69	Verba contracta auf -άω	109
genetivus absolutus	134	auf -έω	43
genetivus comparationis	128	auf -όω	87
Hauchassimilation	49	Verbaladjektiv auf -τέος	97
ἰκός-Suffix	11	auf -τός	117
Imperfekt med.-pass.	71	Vokativ	48
Imperativischer Infinitiv	48		

2. Vokabel

A

ἀγαθός 78
ἀγγέλλω 47
ἄγγελος 17
ἁγνώς 67
ἀγορά 108
ἀγορεύω 108
ἀδικία 45
ἀδύνατος 96
ἀεί 33
ἀθρόος 81
ἀΐδιος 126
αἱρετός 130
αἱρέω 129
αἰσθάνομαι 91
αἴσθησις 91
αἰσθητός 117
αἰτία 78
αἰτιάομαι 92
αἴτιον 96
αἰών 126
ἀκολασία 131
ἀλαζονεία 132
ἀλαζών 132
ἀλήθεια 32
ἀληθής 132
ἀλλά 65
ἀλλήλοιν 45
ἀλλόκοτος 81
ἄλλος 67
ἄλογος 96
ἅμα 81
ἄν 37
ἀναγιγνώσκειν 63

ἀναγκαῖος 121
ἀνάγκη 89
ἀνάμνησις 63
ἀνατίθημι 49
ἀνδριάς 113
ἄνευ 49
ἀνήρ 67
ἀνθρώπινος 75
ἄνθρωπος 33
ἀνόσιος 71
ἀνυπόθετος 121
ἄξιος 75
ἀξύνετος 33
ἀπαιδευσία 122
ἅπας 110
ἀπατεύω 49
ἄπειρον 44
ἄπειρος 44
ἀπεργάζομαι 97
ἀπό 78
ἀποβλέπω 71
ἀποδείκνυμι 122
ἀπόδειξις 122
ἀποδίδωμι 94
ἀποθνήσκω 136
ἀπόλλυμαι 96
ἀπονέμω 133
ἀπορία 70
ἀποτελέω 97
ἀποφαίνω 127
ἀπραξία 86
ἄρα 130
ἆρα 89
ἀρετή 129
ἄριστος 128

ἀρκέω 129
ἁρμόζω 86
ἀρχή 44
ἄρχω 78
ἀσέβεια 52
ἄσχολος 133
ἄτρυτος 133
αὖ 96
αὐτάρκεια 129
αὐτάρκης 129
αὐτός 23
ἀφικνέομαι 48

Β

βαδίζω 122
βαθύς 36
βάλλω 38
βασιλεύς 41
βέβαιος 120
βέλτιστος 134
βλέπω 97
βοτάνη 11
βουλιμία 108
βοῦς 108

Γ

γάρ 23
γε 64
γένεσις 44
γένος 50, 114
γηραλέος 49
γῆρας 49
γίγνομαι 33
γιγνώσκω 67
γνώμη 40
γνωρίζω 120
γνώριμος 121
γνῶσις 128

γράμμα 11, 112
γραμματικός 11
γραφή 65
γράφω 67

Δ

δαιμόνιον 69
δαίμων 69
δαιτυμών 95
δέ 33
δεῖ 117
δείκνυμι 41
δέμας 50
τὸ δέον 131
δή 65
δῆλος 93
δηλόω 86
δήλωμα 85
δημιουργέω 92
δημιουργός 91
δῆμος 68
διά 78
διαίρεσις 82
διαιρέω 96
διακελεύομαι 70
διαλέγομαι 87
διάλογος 87
διανοέομαι 87
διάνοια 87
διατριβή 64
διατρίβω 64
διαφέρω 133
διαψεύδομαι 121
διδάσκω 70
δίδωμι 44
δικαιοσύνη 91
δίκη 44
διό 124

διότι 78
διττός 85
διωκτός 128
διώκω 128
δοκέω 77
δόξα 96
δοξάζω 96
δοξαστός 96
δοῦλος 41
δύναμαι 83
δύναμις 46, 83
δύο 70
δῶρον 45

Ε

ἑαυτοῦ 78
ἐγγίγνομαι 93
ἐγγύς 136
ἐγκλίνω 19
ἐγώ 65
εἰ 68
εἶδος 71
εἰμί 19
εἶμι 36
εἴρων 132
εἰρωνεία 132
εἰς 44
εἷς 50
ἐκ 44
ἕκαστος 83
ἑκάτερος 85
ἐκεῖνος 47
ἐκείνως 86
ἐλάττων 132
ἔλεος 137
ἐλεύθερος 41
ἐλλείπω 131
ἔλλειψις 131

ἐλπίς 21
ἐμβαίνω 42
ἐμός 75
ἐν 50
ἐνδεής 83
ἔνειμι 51
ἕνεκα 114
ἐνέργεια 124
ἐνθάδε 64
ἐνθύμημα 135
ἐννέα 26
ἐννοέω 91
ἐντελέχεια 123
ἐντός 87
ἐνυπάρχω 113
ἐξευρίσκω 36
ἕξις 130
ἔοικε 67
ἐπεί 123
ἔπειτα 83
ἐπέκεινα 94
ἐπί 78, 85
ἐπιδείκνυμι 77
ἐπιπορεύομαι 36
ἐπίσταμαι 117
ἐπιστήμη 117
ἐπιστητός 117
ἐπιτίθημι 85
ἐπιχειρέω 77
ἐπονομάζω 87
ἔργον 92, 123
ἑρμηνεύς 112
ἔρχομαι 77
ἐρωτάω 93
ἑστιάτωρ 95
ἕτερος 67
ἔτι 94
εὐδαιμονία 129

εὐδαίμων 129
εὐθύς 86
ἐφίημι 127
ἔχω 36, 83, 92

Z

ζητέω 117
ζωή 126
ζῷον 134

Η

ἤ 70
ᾗ 120
ἤδη 112
ἡδονή 129
ἦθος 127
ἡλιοειδής 93
ἥλιος 93
ἡμεῖς 84
ἠρέμησις 114
ἤτοι – ἤ 111

Θ

θάτερον 84
θέατρον 13
θεός 41
θεωρέω 133
θεωρητικός 133
θνητός 50

Ι

ἰδέα 71
ἵνα 71
ἵππος 134
ἵστημι 84
ἱστορέω 138
ἱστορία 138

ἱστορικός 138
ἴσως 81

Κ

κάθαρσις 137
καθόλου 138
καί 23
κάκη 131
κακία 131
κακός 131
καλέω 65
κάλλος 133
καλός 78
κατά 44
καταγιγνώσκω 67
καταλείπω 64
καταφεύγω 77
κατηγορέω 108
κατηγορία 108
κεῖμαι 47, 111
κεῖνος 47
κεν 48
κεράννυμι 86
κεφάλαιον 116
κινδυνεύω 75
κινέω 84
κίνησις 84
κλέπτω 49
κοινωνία 83
κῦδος 17
κύριος 92

Λ

λαμβάνω 83
λέγω 22
λευκός 110
λόγος 33
λύπη 136

λυπηρός 136

M

μαῖα 80
μακάριος 133
μάλιστα 120
μᾶλλον 138
μανθάνω 81
μάτην 135
μέγας 78
μέγεθος 133
μέγιστος 50
μέθεξις 79
μέθοδος 127
μέλλω 136
μέλλων 136
μέν – δέ 41
μέντοι 68
μέρος 52, 110
τὸ μέσον 131
μέσος 130
μεσότης 130
μετά 96
μεταβάλλω 114
μεταβολή 114
μετέχω 78
μή 49
μηδείς 83
μικρός 86
μίμησις 137
μιμνήσκω 70
μνημονεύω 71
μοῖρα 51
μοιχεύω 49
μόνον 94
μόνος 94
μονόω 130
μυθολογέω 91

μῦθος 91

N

νέος 64
νικάω 108
νίκη 108
νοέω 23
νόημα 50
νόησις 96
νοητός 117
νόμος 79
νοῦς 28
νῦν 64

Ξ

ξεῖνος, ξένος 47

O

ὅδε 33
ὁδός 36
ὅθεν 114
οἶδα 119
οἴκαδε 48
οἰκεῖος 133
οἰκία 134
οἶκος 134
οἶμαι (οἴομαι) 68
οἷον 108
οἷος 134
οἷός τέ εἰμι 89
ὀλίγος 75
ὅλος 122
ὅλως 122
ὄμμα 93
ὁμοίιος, ὁμοῖος 50
ὁμοίωμα 112
ὄνειδος 49
ὄνθος 21

169

ὄνομα 75
ὀνομάζω 67
ὀνοματουργός 79
τῷ ὄντι 75
ὄντως 96
ὁπόσος 48
ὁράω 89
ὄργανον 93
ὀρέγομαι 119
ὄρεξις 119
ὁρίζω 130
ὅρος 38
ὅς 44
ὅσιος 70
ὅσος 49
ὅσπερ 93
ὅστις 75
ὅτι 47, 93
οὐ 36
οὐδέ 78
οὐδείς 75
οὐδέποτε 96
οὐκοῦν 87
οὖν 67
οὐρανός 92
οὐσία 21
οὔτε – οὔτε 86
οὔτι 50
οὔτοι 65
οὗτος 44
οὕτω 36
οὕτως 86
ὄψις 93

Π

πάγκαλος 90
πάθημα 112
πάθος 131

παιδιά 91
παίζω 91
παῖς 91
πάλιν 78
πάνυ 49
παρά 49, 90
παράδειγμα 22, 71
πάρειμι 94
παρέχω 94
πᾶς 36
πάσχω 111
πατήρ 41
πείθομαι 48
πεῖραρ 36
περί 64, 83
περιληπτός 96
περιπατέω 114
περίπατος 115
πίνω 48
πλήν 51
ποιέω 41
ποίησις 138
ποιητής 138
ποῖος 83
ποιός 111
ποιότης 81
πολεμικός 133
πόλεμος 41
πόλις 91
πολιτεία 91
πολιτικός 133
πολλαχῶς 110
πολλοί 70
πολυθρύλητος 78
πολυτελής 91
πόρρω 136
ποσός 111
ποταμός 42

ποτε 71
που 64
πρᾶγμα 112
πραγματεύομαι 78
πρᾶξις 85
πράττω 71
πρεσβεία 94
πρίν 86
προαίρεσις 127
προαιρετικός 130
προαιρέω 83, 127
προέχω 133
πρόπολος 49
πρός 65
πρόσειμι 94
προσήκει 120
προσποιέω 132
προσποίησις 132
προσχράομαι 75
πρῶτον 83
πρῶτος 86
πῦρ 17
πῶς 83
πώς 116

Ρ

ῥῆμα 48
ῥήτωρ 13
ῥυθμός 13

Σ

σαφήνεια 83
σεμνός 13
σημαίνω 89
σημεῖον 85
σκοπέω 77
σμικρός 86
σοφία 75

σοφός 75
σπουδαῖος 138
σπουδή 133
στάσις 84
στοά 64
σύ 64
συγκεφαλαιόω 116
συμβαίνω 89
συμβάλλω 112
σύμβολον 112
συμπλέκω 86
συμπλοκή 86
συνεχής 126
συντείνω 124
σφόδρα 136
σχεδόν 86
σχολαστικός 133
σχολή 133
σῶμα 110
σωφροσύνη 131

Τ

τάξις 45
ταράττω 136
ταραχή 136
-τε 23
τέκνον 114
τέλειος 128
τελέω 134
τέλος 114
τέταρτος 95
τέχνη 11
τῇδε 47
τίθημι 130
τιμή 129
τίς 64
τις 64
τίσις 45

τοίνυν 71
τοιοῦτος 71
τότε 86
τρεῖς 95
τρέχω 108
τρόπος 113
τυγχάνω 64

Υ

ὕβρις 48
ὑγίεια 114
ὑγιής 114
ὕδωρ 43
ὑμεῖς 75
ὑπάρχω 110, 122
ὑπερβάλλω 131
ὑπερβολή 131
ὑπερέχω 94
ὑπό 94
ὑπόθεσις 89
ὑπόκειμαι 110
τὸ ὑποκείμενον 110
ὑποτίθημι 78

Φ

φαίνομαι 67
φανερός 134
φαντάζομαι 136
φαντασία 136
φαῦλος 91
φημί 67
φθαρτικός 136
φθορά 44
φίλος 95
φιλοσοφία 13
φιλόσοφος 121
φοβέω 136
φόβος 136

φορά 115
φρήν 131
φρόνιμος 130
φροντίζω 136
φύσις 119
φύω 93
φωνέω 86
φωνή 84
φῶς 92

Χ

χαλκός 113
χάριν 129
χείρ 118
χθές 95
χράομαι 71
χρεών 44
χρή 77
χρησμός 75
χρόνος 45
χρῶμα 110
χωρίς 96
χωρέω 43

Ψ

ψόγος 49
ψυχή 36
ψύχω 36

Ω

ὧδε 93
ὡς 67
ὥσπερ 65
ὥστε 120